粗利至上主義

赤字経営から脱却する
最もシンプルな方法

中西宏一
NAKANISHI KOICHI

幻冬舎 MC

はじめに

売上を伸ばすことは、一見、利益を増やすことに直結するように思えます。しかし、かならずしも売上が増えたからといって利益も増えるとは限りません。

それにもかかわらず、売上さえ増やせば自然と経営は上向くと考えている「売上至上主義」に陥った経営者がたくさんいます。そうした経営者は「〇〇年までに、売上10億円達成」などの目標を掲げ、営業社員に対しても売上を基準として業務評価を行い、売上を伸ばせない社員には「とにかく売ってこい」とはっぱをかけます。特に業績が低迷し、赤字に陥ってしまっているような会社においてその傾向が強く見られます。

しかし、残念ながら売上至上主義では会社の経営状態を改善させることは不可能だというのが私の意見です。むしろ経営不振の状態で売上を増やそうと焦っても従業員は疲弊し、やる気をなくして逆に売上が下がってしまうといった悪循環に陥ります。

そこで、私が提案しているのが、売上ではなく粗利益をすべての経営目標として設定する、いわば「粗利至上主義」ともいえる考え方です。

実際、これまでに私が経営コンサルタントとして経営改善を支援した78社のうち、98％は、1年以内に利益が向上しています。赤字かつ債務超過で、銀行からも見放されて倒産寸前だった会社を短期間で黒字化させてきました。それも最先端の難しい経営理論やマーケティング手法、あるいはグレーゾーンの裏ワザ的な手法を使ったわけではありません。やったことはただ一つ、儲からない経営の典型である売上至上主義を捨て、粗利至上主義を徹底的に実践してもらっただけです。粗利を最優先に考えるという簡単なことだけを、徹底して実践し続ければ、誰でも会社を儲かる体質に変えて、利益を増やし、お金を残し続けることができるのです。

そして、この「粗利にフォーカスする重要性」をもっと多くの経営者に知ってもらうべく、私はこれまでに3冊の書籍を執筆し、出版後には想像以上に多くの反響をいただきました。粗利至上主義に共感してくれる経営者が増え、コンサルティング依頼がたくさん舞い込んできたのです。

しかし一方で残念なこともありました。一時は粗利至上主義の考え方を取り入れて実践し、大きく利益を向上できたものの、時間が経つにつれて元に戻ってしまう経営者も少なからず見受けられたのです。そうした経営者に話を聞いていくと、利益が少しずつ増えていくうちに、なぜか売上アップを目指したいという欲が出て失敗してしまうことが分かってきました。結局、売上至上主義に戻ってしまう経営者を見て、私はたとえ考え方がシンプルで実践方法が単純な粗利至上主義であっても、〝徹底し続ける〟という点では、ハードルが高いということに気づかされたのです。

そこで今回、粗利が重要であるという本質的な幹の部分は変えずに、粗利至上主義を徹底し続けることがいかに大切であるかを改めて理解してもらうべく著したのが本書です。儲かる会社に変わりたいと考えている経営者であれば誰でも、すぐに実践できるように押さえてほしいポイントだけを抽出して解説しました。また、数字が苦手な経営者でも理解できるように、小難しい表現などはいっさい使わずに、限りなくシンプルに、そして限りなくやさしく説明しています。

私は主に建設業でのコンサルティングを中心としてきたため、本書の記述も建設業を例にした部分が多くなっています。しかし、粗利至上主義の考え方はどんな業種においても同じです。

儲かっている会社には理由があります。次は、あなたの会社が儲ける番です。

粗利至上主義　赤字経営から脱却する最もシンプルな方法　目次

［第2章］売上増を目指すな！
業績を改善させたければ粗利だけ見ろ！

［第3章］　1年で赤字経営から脱却する！
徹底的に粗利を追求した業績改善の具体策

［第１章］

企業を倒産の危機に陥れる〝売上至上主義〟の経営者たち

企業倒産が急増している

コロナ禍がようやく収束し始めた一方で、国内では全業種において多くの企業が経営危機に直面しています。

帝国データバンクの「全国企業倒産集計2023年上半期報」によると、2020年の企業の倒産件数は前年よりもわずかに減り、2021年になって急減しています。2022年には上昇に転じたものの、その増加はさほど多くありませんでした。それが、2023年になって急上昇しているのです。2023年の倒産件数は、上半期としては2018年以来、5年ぶりに4000件を超えています。

また、2023年上半期は14年ぶりに倒産件数が「全業種」で前年同期を上回りました。コロナ禍で経営に悪影響を受けた業種といえば飲食や旅行、宿泊などがありますが、業種に関係なく全業種で倒産が増えているというのはかなり深刻な状況です。

深刻なのは倒産だけではありません。なんらかの事情で企業活動を停止した休廃業・

【図表1】 年半期別企業倒産件数推移

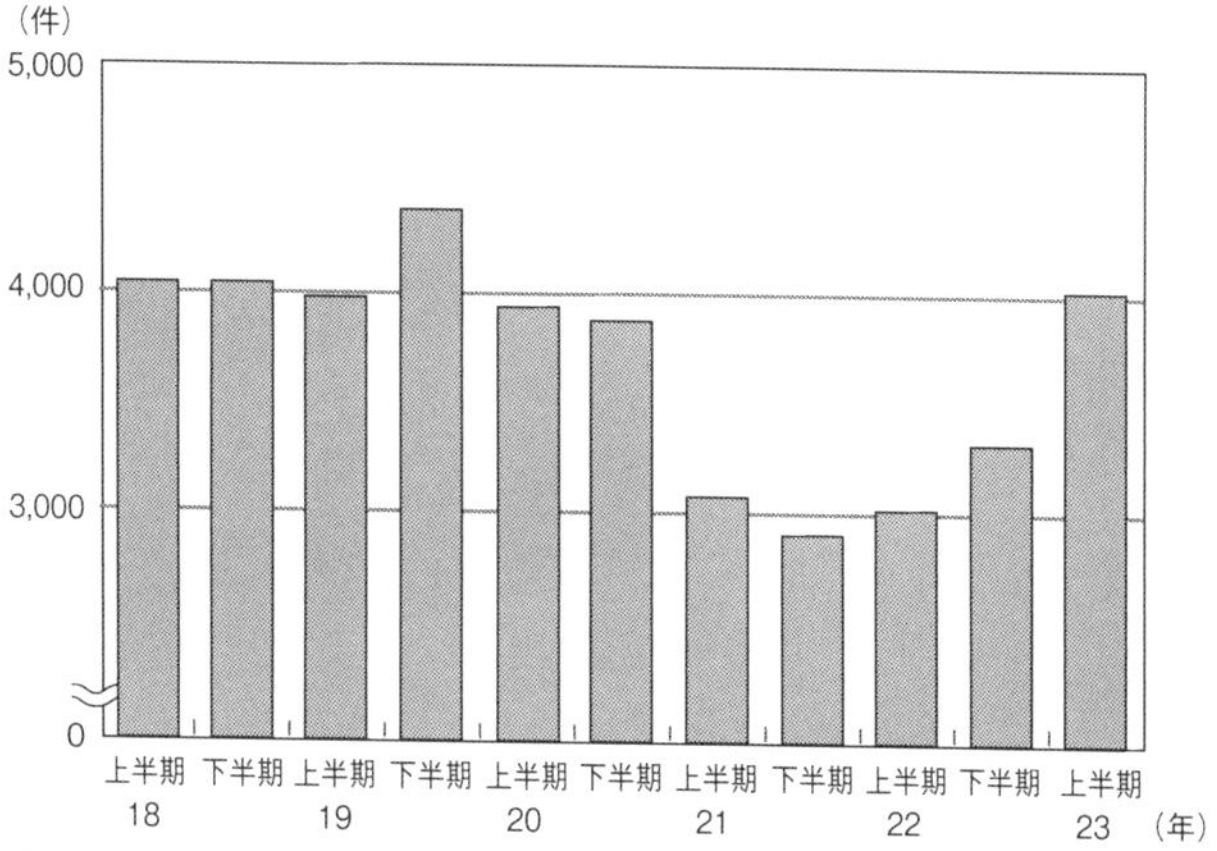

出典：帝国データバンク「全国企業倒産集計2023年上半期報」より著者作成

解散の件数は、同じく帝国データバンクの調査によれば、2022年の1年間で5万3426件と、倒産件数よりもはるかに多い数になっています。

現在は、新型コロナウイルス感染症が流行する前の水準へと企業の経済活動が戻りつつあります。しかし一方で、コロナ融資といわれる特別貸付の元金返済が始まったことに加え、物価高、人手不足が重荷となり、多くの企業が経営に苦しみ始めているのです。こうした企業は倒産にまでは至らずとも、業績が低迷したままの企業も多くあり、取引先や地元企業などの倒産の情報を見聞きし、ひとごとではないと危機感を抱いている経営者も多くいるはずです。

このような事態に適切に対応していくためには、早急に経営状態を把握し、向上させる必要があります。

会社を危機にさらす〝売上至上主義〟とは

会社の経営状態を正しく把握するには、適切に経営指標を使う必要があります。経営指標には売上高や利益、資産、キャッシュフローなど決算書の数字を利用します。

最も分かりやすい経営指標の一つに「売上」があります。損失や利益などと比べると売上は把握しやすいですが、実はこの売上だけが独り歩きすると、大きな落とし穴にはまることになりかねません。しかし、実際には売上を絶対視する中小企業の経営者が少なくないのです。「売上至上主義」と呼ばれるものですが、これは会社を倒産させかねない危険なものです。売上至上主義とは、売上を最も大切な指標として経営をしていくという姿勢のことですが、具体的には次の2つのことをいいます。

①売上（売上金額）だけを、会社の業績を測るための尺度や指標とする

経営指標には、売上のほかにも利益率や原価率、自己資本比率などがあります。個別の数字で判断したり、全体像を見て評価したりしますが、本書では数ある項目のうちから売上だけを社内の経営指標として用いるものを売上至上主義と呼んでいきます。

②売上を増やすことを、会社の最重要の、または唯一の目標とする

経営指標として売上のみを使うのであれば、当然売上を増やすことが会社の最重要かつ唯一の目標になります。

売上は見やすい数字ですから経営指標として設定しやすい項目ですが、実はこの売上至上主義が会社をとても危険な状態に陥れてしまうのです。

売上が増えても倒産する会社は多い

経営者の多くは経営危機を脱するために売上を増やそうと、どんな仕事でもいいからとにかく受注して、案件数を増やすことで売上を伸ばせとか、金額の大きな案件なら利益度外視で取りに行けと、社員にはっぱをかけて受注を拡大しようとします。しかし、売上を伸ばせば倒産の危機が遠のいたり、経営が安定したりするかといえば必ずしもそうではないのです。逆に売上至上主義のままでは、倒産を余儀なくされることさえあります。

東京商工リサーチの「2022年『倒産企業の財務データ分析』調査」によると、2021年に倒産した企業のうち、前年比で減収だった企業（売上減少企業）が占める割合は56・76％でした。そして2022年には、その割合が68・93％に増加しています。

逆にいうと2021年の倒産企業のうち売上が増えた企業（売上増加企業）の占める割合は43・24％、2022年は31・07％にもかかわらず、倒産しているともいえるのです。

売上が増加しているにもかかわらず、3割以上の企業が倒産してしまっている――これが売上至上主義の落とし穴です。

売上至上主義の罠

なぜこのようなことが起きてしまうのか。事業が継続できない状態になると会社は倒産します。その典型的な例が、手形の不渡りを2回出すことによる「事実上の倒産」です。

企業から手形を受け取った側が決済日に銀行に手形を持参した際、手形を振り出す側の当座預金残高が足りず、決済ができない状態が「不渡り」です。不渡りを出すと、その事実は「不渡報告」としてすべての金融機関などに通知され、「資金繰りが危ない会社」として、どの金融機関からも新規や追加の融資は原則的に受けられません。

さらに、6カ月以内に2回目の不渡りを出すと、銀行取引停止処分を受けます。

現金取引だけで事業を回せるのであれば会社を継続することもできますが、実際には銀行取引ができないまま事業を回すことは困難です。さらに銀行取引停止処分を受けることにより会社として信用力を失うので、仕入れも販売も、社員の雇用継続もほぼ不可能となります。こうした状況が、まさに「事実上の倒産」なのです。手形を振り出していない企業であっても、現預金の不足によって仕入代金が支払えなくなったり、社員の給料や事務所の家賃が支払えなくなったりすれば、事業を継続していくことは不可能で、これも「事実上の倒産」です。

その後の倒産手続きにはいろいろありますが、いずれにしても倒産とは資金繰りの悪化により事業が継続できなくなった状態のことです。

1年間の売上がゼロで最終赤字だったとしても、過去の蓄積によって多額の現金や受取手形、すぐに売れる遊休不動産などの資産があれば、キャッシュは回っている状態といえるので会社は倒産しません。

いくら売上が良くても、売上を増やすことだけに躍起になっていてキャッシュ不足の状態に気づかず、手形の不渡りを出したり仕入代金や経費の支払いができなくなったりすれば、事業がストップしてしまい会社は倒産します。これが黒字倒産といわれる状況であり、売上至上主義の罠の一つです。

手元に十分なキャッシュがあれば、事実上の倒産をすることはありません。そのためには売上だけに着目するのではなく、買掛金を少なくして支出を控え、会社をキャッシュが残りやすい体質に変える方法を考える必要があるのです。

売上が増えれば会社に残るお金が増えるという大きな間違い

経営危機にある会社が売上を増やすことによりいっそう苦しくなっていく理由は、売上代金がキャッシュとして会社に入金されるより、売上を伸ばすためにかかった仕入代金や人件費などの経費の「キャッシュアウト（資金の流出）」が先になるからです。つまり、売上を増やせば増やすほど、しばらくの間は会社にキャッシュが残りにくくなります。

例えば、売上が10億円、その売上を伸ばすために支払う経費が9億円の企業があったとします。そして、売上を2億円増やして、経費が1億8000万円増えたとします。業種にもよりますが、売上が実際に入金されるのは、商品やサービスを納品してから1～2カ月後です。場合によっては1～2年後になることもあります。2億円の受注をしたといっても、増えるのは売上と売掛金という帳簿上の数字だけであり、実際のキャッシュがすぐに増えるわけではありません。

一方、原材料費や現場労働者の人件費などは発注時に買掛金等として帳簿に計上され、通常、仕入れや雇用の翌日、あるいは翌月に支払わなければいけません。つまり、キャッシュアウトが入金より先に生じ、財務状況が苦しくなるのです。

売上は確かに大切ですが、それがかえって会社の経営を逼迫《ひっぱく》させる原因になることもあると経営者は知っておく必要があります。売上を増やすことよりも、経費を抑えて支出を減らし、キャッシュが残りやすくすることが大切なのです。

中小企業にとって急激なビジネス拡大はリスクにもなる

仮に2億円の売上の受注時点から見て、2億円のキャッシュインが半年後で、1億8000万円のキャッシュアウトが1カ月後だとします。すると、その入金と出金の間である5カ月間は、1億8000万円のキャッシュ不足が生じます。もちろん半年後には2億円が入るため最終的にはキャッシュの帳尻は合うものの、1カ月後に1億8000万円の支払いができなければ、そこで事業はストップしてしまいます。

キャッシュ不足でも経営を継続しなければならず、運転資金は増加しているのです。

もしこの会社に、増加した1億8000万円の運転資金に充てる十分なキャッシュがあるのなら、入金までの一時的な運転資金の増加は問題になりません。あるいは、メインバンクからの評価が良く、追加運転資金の融資を申し込めばすぐに応じてもらえる状況であれば、それでも対応できます。

しかし、キャッシュの余裕がなく銀行借入も難しい状況だと、追加の支払いができなくなり、売上を増やさないほうがよかったということにもなりかねません。支払えないことはないにしても、キャッシュに余裕がないと、経営は一気に綱渡りとなってしまいます。

会社が経営危機を迎えるのにはさまざまな要因がありますが、キャッシュ不足も大きな要因です。売上至上主義に走ってキャッシュ不足に陥らないような、経営のかじ取りが必要になるのです。

売上増に躍起になれば会社は儲からなくなる

私が専門でコンサルティングを請け負っている建設業界では、驚くほど〝どんぶり勘定〟の経営者が少なくありません。儲かるか儲からないか深く考えずに、売上額2億円という数字だけを見て受注してしまう経営者もいます。さすがに儲からなくてもいい、赤字でもいいと思っているわけではありませんが、利益はギリギリでも納期までになんとかなるだろうと考える経営者は実際に数多くいます。

受注から納品までの納期が長いことが建設業の特徴の一つです。ソフトウェア開発業なども同様です。このような数年単位のプロジェクトを請け負う業種の場合、長い納期のなかで費用を圧縮できる機会がいくらでもあるだろうと、経営者は錯覚してしまうのです。受注金額が大きく納期まで◯年もあるから、その間に何か工夫をすれば利益は残せるだろうというわけです。しかし、取らぬ狸の皮算用がうまくいくことはまずありません。たいていの場合、逆に費用は予想していたよりも増えていくものです。

売上が欲しいばかりにどんぶり勘定で受注してしまったプロジェクトは結局、ほとんど利益が残らない、場合によっては赤字になっていたというケースが大半です。こうして経営者が売上拡大に躍起になればなるほど、会社は儲からない体質になっていくのです。

売上増を求め続ける経営者が、長期的に会社を衰退させる

儲けになるかどうか微妙な案件でも、納期までには時間があるからなんとかなるだろうと考え、受注してしまう売上至上主義の経営者は少なくありません。しかし、そういった経営者が受注後に必死で知恵を絞り、走り回って費用削減のための努力をするかといえば、そんなことはしません。せいぜい部門長や現場監督などの管理職社員に対し、経費削減を指示するだけです。しかし、たいていの場合、管理職社員が思い付くようなことはとっくに実行されていて、さらに費用を削減するような余地などほとんどありません。現場の社員もぎりぎりの人数で目いっぱい働かされており、余裕があるわけではないのです。

部材調達や委託している取引先業者に無理をいえば、離反を招いて効率が下がったり、納期が遅れたりすることにつながりかねません。社長と現場との板挟みになって苦労する

のは管理職社員であり、そんな彼らもどんどん疲弊していきます。儲からない仕事を受注してしまったばかりに、乾いた雑巾を絞るようにコスト削減を求められる現場社員も同様です。

社員にとっては、自分たちが頑張ることで会社が大いに儲かり、いずれはそれが自分たちにも還元されるのだと思えるのなら、頑張ることもできます。しかし、新規事業への投資も、社員の給料やボーナスも、売上ではなく利益やキャッシュが源泉になるのです。いくら売上が増大しても、利益が残らずキャッシュが足りない会社では、給料やボーナスを増やすこともできず、新規事業に挑戦することもできません。そのような会社では、社員は将来への希望を胸に抱き、やる気に満ちて働くことはできません。

社員のやる気がなければ、どんどん生産性は落ちていき、事故やミスも増え、会社全体が疲弊していきます。その焦りが経営者をますます売上至上主義に走らせ、会社を疲弊させるという悪循環、負のスパイラルに陥ります。場合によっては、社員の退職が続く「人手不足倒産」すら招きかねません。

なぜ経営者は売上至上主義になるのか？

日々活動し成長していく会社が生命体だとすれば、売上至上主義はいつの間にか会社全体を蝕《むしば》み、死に至らしめます。それにもかかわらず、多くの経営者が売上至上主義にとらわれてしまっているのが実情です。

それには、いくつか理由が考えられます。

●1　見栄やプライドを満たしたい

経営者が売上至上主義に陥る理由の多くは、売上が大きい会社のほうが格好が良い、売上の桁が上がったほうが見栄えがいい、地域の同業他社に負けたくないといった感情、要するに経営者の「見栄」や「悪い意味でのプライド（虚栄心）」を満たしたいためというものです。

例えば、売上高が7～8億円の会社であれば、たいていの経営者は、「10億円企業を目指す」と表明します。売上高70～80億円に達した企業なら、ほとんどが中期経営計画などには、「○年までに、100億円企業目標」と掲げます。10億円、100億円という数字そのものには、具体的な根拠や計画はありません。ただ単に、8億円よりも10億円、80億円よりも100億円のほうが見栄えがいい、格好良く見えるというだけに過ぎないのです。

建設業の場合であれば、受注して建設した建物が残ります。あの巨大な○○ビルはうちが建てたと言えることも、地域内での優越感を満たす一種です。そのために、赤字と分かっていても、他社に自慢したいという理由だけで受注することもあるのです。

大手の上場企業でも「5年後に売上高1000億円を目指す」といった経営目標はありますが、その場合は株主に対するコミットメント（約束）を示す必要があるためであり、目標にも一定の意味はあるので事情は異なります。

●2　一度断ると、以後、二度と受注できないという恐れ

引き合いのあった案件を一度断ると、その相手からは二度と声がかからなくなるのではないかという恐れから、儲けが出なくても多少無理をして仕事はすべて受けるという経営者もいます。経営者というのは、常に先に何があるか分からないという不安のなかで仕事をしていることが分かります。

●3　従業員や設備を遊ばせておけない

従業員や設備を遊ばせておくくらいなら、儲けがなくても受注するという経営者も多く、特に業績の厳しい会社の経営者はそのように考える傾向にあります。正社員の給与は毎月必ず支払わなければいけない固定費なので、遊ばせておきたくないと考えてしまいますが、固定費以外にかかる原材料費もまかなえないような受注ならば、すべきではありません。

原材料費はまかなえても、会社に儲けが残らない仕事で忙しくなるだけでは社員は消耗してやる気を失うだけです。

そんなことをするくらいなら、思い切って休みを増やしたほうが社員のやる気も出て、結果的に儲かる仕事ができるようになります。

●4　売上以外に経営指標となる数字を知らない

損益計算書の売上以外の項目を理解していない経営者は多いです。「営業利益、経常利益、当期（最終）純利益」の違いをすらすらと説明できる経営者や、前期の当期純利益を即答できる経営者は少数で、まして貸借対照表の流動比率や自己資本比率などを把握している経営者は限りなく少ないのです。

ただ、経営は経営学ではないので、細かな数字を把握して分析することが目的ではありません。経営者が経営状態を測るための指標として売上だけしか知らなければ、売上至上主義になるのはある意味当然のことともいえます。

上場企業では、株価（時価総額）や、投資家からの資本に対してどれくらいの利益が生み出せるかを示すＲＯＥ（自己資本利益率）、投資した資産がうまく活用できているかを示すＲＯＡ（総資産利益率）といった株価指標が経営状態を示す重要な経営指標になります。しかし、非上場企業は株式が市場で売買されないため、株主からの厳しい視線を意識する必要はありません。金融機関からも、赤字でない限り厳しく問い詰められることはあまりありません。

売上という経営者自身が理解できる単一の指標だけを意識していても経営は成り立ったため、売上以外の経営指標を意識しない経営者が多いのです。

●5　経営事項審査（経審）の評価点数

建設業で国や地方自治体が発注する公共事業を直接請け負う際には、経営事項審査、いわゆる「経審」を受けます。行政が公共事業の入札に参加する会社の経営状況や事業の状態をさまざまな観点から審査し、評価点数をつけてランキング化するものです。そして、ランクに応じて入札に参加できる公共工事の発注予定価格が変動します。

この経審の審査項目の一つに完成工事高（売上）があります。完成工事高が少ないと経審で評点が低くつけられるため、建設業が儲けを度外視してでも受注高を増やそうとする要因の一つになっています。

入札を勝ち取るために受注を増やして売上を増やそうとすると、どこかにしわ寄せがいきます。資材費用や工賃などと入札額の差額が小さくなって利益も少なくなり、体力がない会社ではすぐに経営が苦しくなってしまいます。売上が上がっても自分の首を絞めてしまう結果になりかねません。

儲かる会社にしたいなら、今すぐ売上至上主義との決別を！

経審における評点を上げるというのは、公共事業を背景にした建設業における特殊な事情ですが、それ以外の４つはどのような業種においても当てはまるものです。

経営者の見栄やプライドを満たすことが社員やその家族の幸せよりも大切だなどということはあり得ませんし、業績を改善する方法があるのに理解しようともせずに、売上しか分からないでは許されません。現状を少しでも良くしたい、少しでも儲かる会社に変えていきたいと考えるならば、売上至上主義に潜む危険性を認識し、今すぐ売上至上主義と決別する覚悟をもってほしいと思います。

［第2章］

売上増を目指すな！
業績を改善させたければ
粗利だけ見ろ！

売上至上主義から粗利至上主義へ

案件を受注してもどれだけ儲けが出るのか分からない、受注する案件が適切な金額か判断できない、売上を増やしても資金繰りが苦しい――。

こんな売上至上主義を根底から変えるには、売上に代わるぶれない経営の軸をもつ必要があります。その軸になるのが「粗利至上主義」です。粗利至上主義は文字どおり、売上の代わりに「粗利」を唯一の経営指標、経営目標とする考え方です。

経営者が経営状態を測定・評価する指標として原価までを考慮に入れた粗利だけを見て、少しでも粗利を増やすことだけを考える、これが粗利至上主義経営です。売上は見る必要も気にする必要もありません。

なぜ粗利なのかというと、分かりやすいからです。

会社の成績は最終的に赤字か黒字かで大きく判断されますが、その最終的な数字がどうやって計算されていて、何を意味するかを分かっている経営者は、私の経験上ほとんどいません。そもそも分かっていれば赤字体質の会社になどなっていないはずです。

それに対して粗利は簡単です。一つの売上に対して、それだけにかかった費用を引くだけで求められます。そのため会計に明るくない経営者でも、営業社員でも、「目標粗利○%」を理解することができるのです。そして受注のときに粗利至上主義を強く意識しておくことで、会社に儲けをもたらす案件を受注できます。だからこそ私は粗利至上主義こそ経営指標にすべきだと提唱しているのです。

粗利を経営目標にすると同時に営業の目標数字や生産部門の目標数字と連動させることで、会社全体が利益志向で動くようになるというのが、粗利至上主義の最大のメリットです。

粗利至上主義への疑問に答える

粗利至上主義は売上をまったく見ませんから、「売上は減ってもよいのか」「売上が減れば儲けも減るのでは」「融資を受けている銀行にどう説明する」といった質問をよく受けます。

まず、売上は減ってもよいのかという質問について、まったく問題ないというのがその答えです。売上が減っても原価を抑えることで粗利は増えるわけで、会社の利益は増えます。そもそも売上が増えるか減るかを経営指標として見ないのが粗利至上主義ですが、そうはいっても決算書ではいやでも売上の数字は目に入ります。しかし、売上は中小企業の経営にとって重視しなくてもよい数字なのです。

次に、売上が減れば儲けも減るのでは、という質問について、売上が減れば儲けも減る受注の仕方は業種によって異なりますが、建設業に代表されるＢtoＢの受注型ビジネスを例に２つのケースで説明します。なお現在受注している案件がすべて儲けが出ている前提とします。

【図表2】 粗利至上主義への疑問

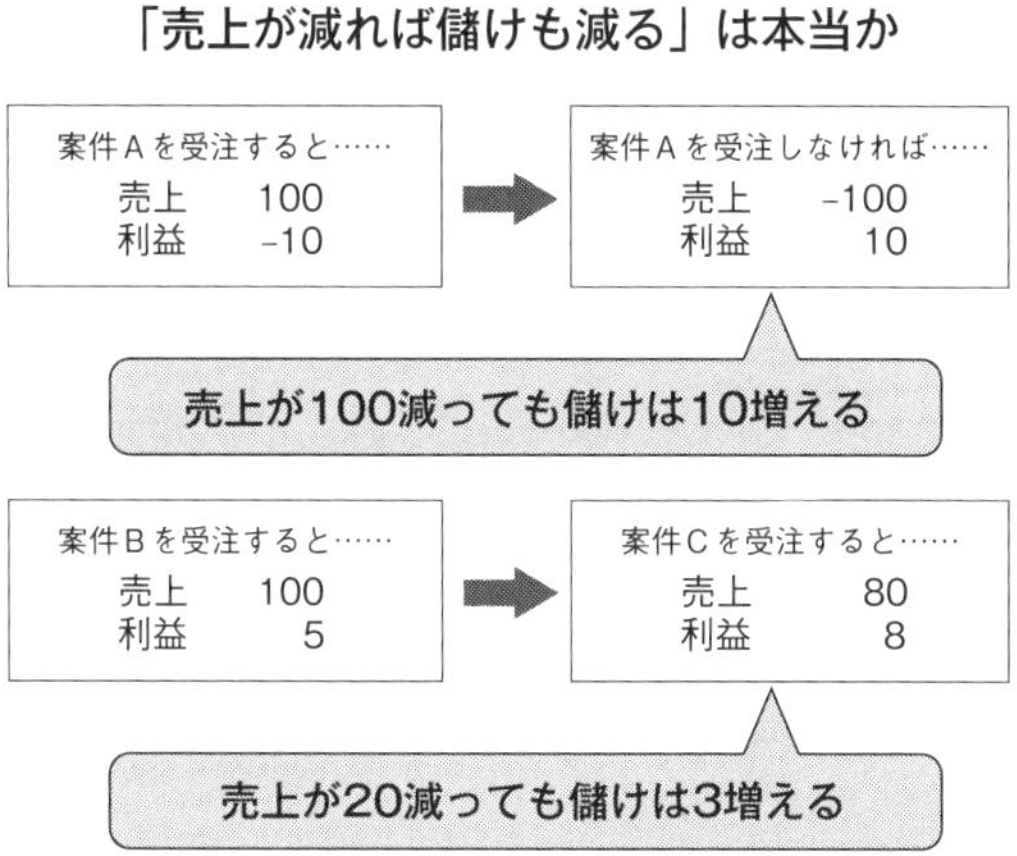

案件Aは売上１００、利益▲10になる赤字案件で、もしこの案件を受注しなければ、売上は１００減り、利益は10増えます。

案件Bは売上１００、利益５の黒字案件で、この案件Bの受注をやめて売上80、利益８の案件Cを受注すれば、売上は20減りますが、利益は３増える結果になります。売上に対して利益が占める割合（利益率）は、５％から10％へアップしています。

このように、売上が減れば儲けが減るというのはまったく根拠のない話です。売上だけを見てしまうと損をした気になってしまいますが、粗利で見ると利益は出ています。売上額の増減に惑わされず、粗利を見ることが大切です。

最後に、融資を受けている銀行への説明です。確かに、銀行に対して年1回、決算報告をする際に業績をチェックされます。しかし、うわべの売上だけを見ているような銀行員はいません。重視しているのは会社が利益を出しているか、融資をしても返済できる業績を上げて銀行の利益につながるかどうかです。そのため売上が減って担当銀行員に指摘された場合でも、経営指標にしている粗利は増えていることを示せば、会社経営に問題がないことを説明できます。

そもそも「粗利」とは

粗利は読んで字の如く粗い利益のことで、売上から原価を引いたものです。

売上－原価＝粗利

「売上」は、モノやサービスを売ったときに買い手から受け取れる対価、またはその金額のことです。洋品店を例にすると、6000円のシャツと5000円のスカートをそれぞれ1日2着ずつ売れば、1日の売上は、6000円×2＋5000円×2＝2万2000円です。

売上金額という意味では「売上高」ですが、「売上＝売上高」と同じ意味だと考えてもらって構いません。

「原価」は、製品を製造するためにかかった費用を指します。製造業であれば生産資材や工場の人件費、建設業であれば建設資材や現場で雇用している労働者の人件費、小売業であれば販売用の商品などの仕入れ、外注会社を使っていれば外注費などが、原価に該当します。

そして、原価には製造原価（製品を製造するのにかかったすべての費用）、売上原価（売れた製品にのみかかった製造原価）などがあります。製造業の場合は製造原価を計算するのですが、ここでは売上原価と製造原価の区別は考えず、すべて原価＝売上原価とします。

【図表３】 粗利とは

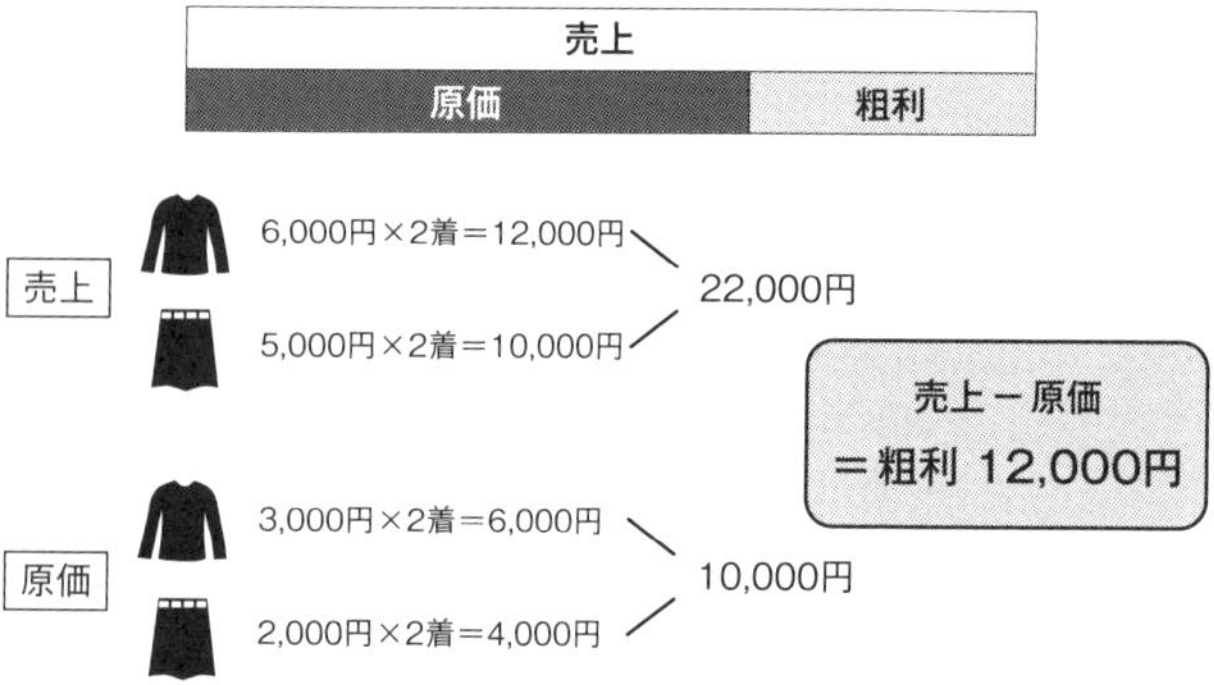

例えば洋品店で、シャツを１着３０００円、スカートを１着２０００円でそれぞれ５着ずつ仕入れ、シャツは６０００円でスカートは５０００円で販売するとします。この場合、仕入代金の合計は、３０００円×５＋２０００円×５＝２万５０００円です。

その日に売れたのがシャツとスカートそれぞれ２着ずつで、売上は２万２０００円だったとすると、その売上を作るのに直接かかった費用は売れた４着分の仕入代金だけです。つまり、その日の売上高２万２０００円に対応する原価は、３０００円×２＋２０００円×２＝１万円になります。この時点では、売れ残っている６着分は原価になりません。

この場合、その日の洋品店の粗利は図表3のようになります。

これが粗利の基本です。実際に売れた分だけが原価になり、仕入金額のすべてが原価になっていないのが注意点です。そして粗利至上主義とは、この売上の2万2000円を伸ばすことは考えず、粗利の1万2000円を増やすことだけを考えるという経営姿勢です。

原価以外の費用はどうなる?

洋品店の経営に必要な費用は、衣類の仕入代金だけではありません。店の家賃、電気代などの光熱費、従業員の給料、チラシを作る広告費など、さまざまな費用がかかります。

売上原価は、売れた製品にかかった仕入原価や製造原価ですが、家賃、光熱費、給料、広告費などは、原価ではなく一般管理費という項目として集計されるルールになっています。これが「会計」です。会計とは、会社のさまざまな活動を分類し、その分類ごとのお金の動きなどを集計するルールのことです。

会計の細かいルールは分からなくても、会社が儲かっているかどうか、健全な経営ができているかどうかは分かっていなければいけません。会社が儲かるとは、「会社に利益が残っている」状態です。では利益とはなにかというと、会計のルールに従って集計された数字です。儲かる会社を目指すなら、やはり儲かっている状態とはどういうことか、最低限の会計ルールを理解する必要があります。

経営者自身が経理の実務をしたり、決算書の作成をしたりするわけではありません。しかし、細かい部分まですべてを理解しなくても、会計において利益がどうやって計算されるのか、その大まかな流れと、最も重要ないくつかの言葉だけでも理解しておく必要があります。

会社の儲けが生まれるまでの流れ

企業が税金にいたるまですべての支払いを済ませ、最終的に会社に残ったお金を純利益

【図表4】　損益計算書のしくみ

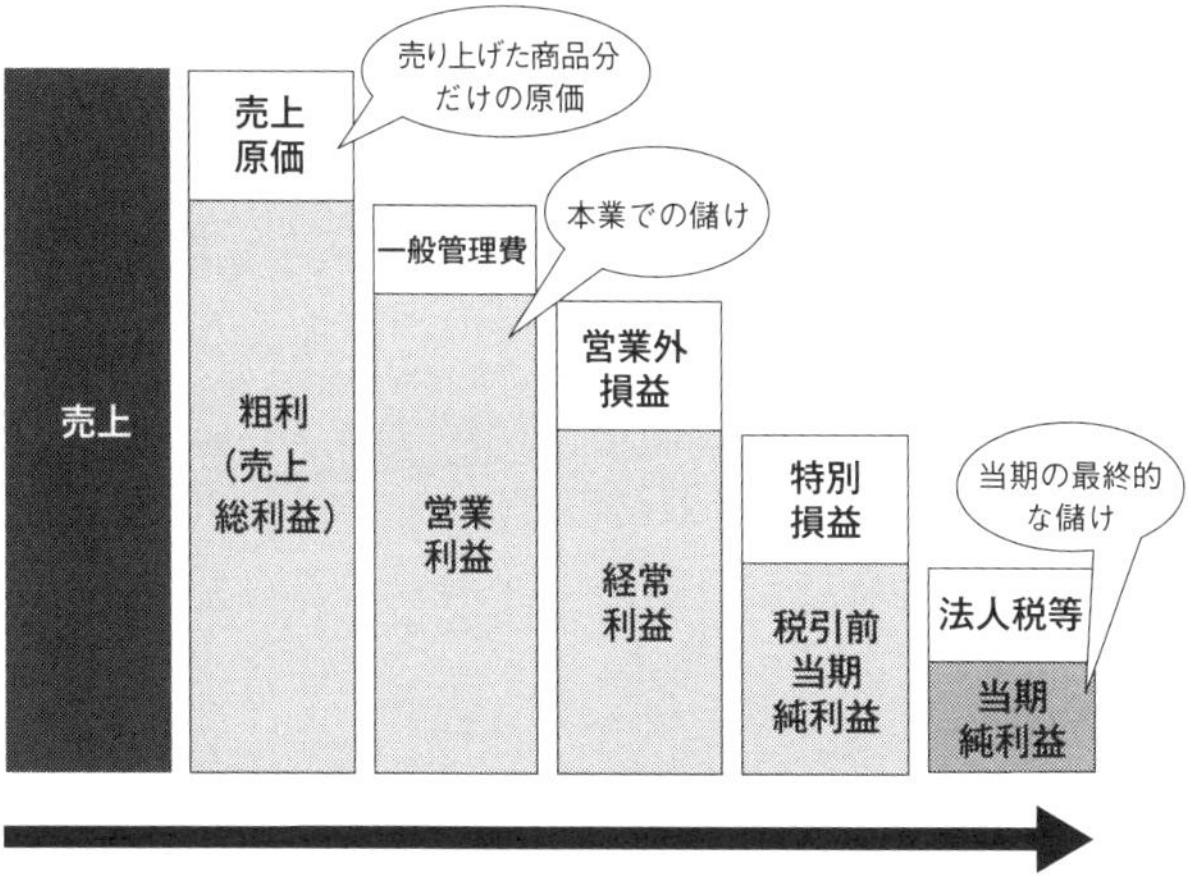

出典：パーソルキャリア「損益計算書とは？　特に見るべきポイントは？」より著者作成

といいます。赤字が残れば純損失といいます。

会計上の利益について少し確認していきます。

損益計算書の基本的な仕組みは「売上から費用を引いて利益を求める」というものです。

売上－費用＝利益

粗利は損益計算書の一要素です。損益計算書は「費用」と「利益」をいくつかの種類に区分して、段階的に計算していきます。この〝段階的に〟というところが損益計算書のポイントです。

①売上－売上原価＝粗利（売上総利益）

1カ月の売上が3000万円、売上原価が1000万円だとします。この1000万円は、仕入れた洋服の仕入代金のうち、売れた分の原価の合計です。売れ残った商品にかかった仕入代金は翌月以降に繰り越され、売れたときにまた原価として計上されます。原価とは「その売上を作るために直接かかった費用」のことですから、売上から売上原価を引いた残りの2000万円が粗利です。なお粗利は損益計算書では「売上総利益」と書かれることが一般的ですが、意味は同じです。

②粗利（売上総利益）－一般管理費＝営業利益

売上原価以外にかかる費用には、役員報酬、従業員の給料、家賃や光熱費、消耗品費、旅費交通費、交際費など、多種多様なものがあります。

項目ごとに集計されて「一般管理費」という大枠の項目に収められます。なお一般管理費は、「販売費・一般管理費」「販管費」などと呼ばれることもあります。本書では、以後「一般管理費」で統一します。

①で求めた粗利（売上総利益）から、一般管理費を差し引いた残りが「営業利益」になります。ちなみに同じ家賃や人件費でも、製造業、建設業などの場合、工場や建築現場の労働者に支払う給与などは労務費として製造原価に含められます。

ここまでの利益は月次で集計していくことで経営状態をより適切に把握することができます。

③営業利益＋営業外収益－営業外費用＝経常利益

②で求めた営業利益に、営業外収益を加え、営業外費用を引いたものが「経常利益」です。通常、経常利益より先については、年次の決算報告に出てくるものになります。

「営業外収益」は、お金を貸し付けている場合の受取利息や投資による利益などです。「営業外費用」は、金融機関からの融資に対する支払利息などです。金融業以外では利息の受け取りや支払いは「本業」ではないので、一般管理費とは区別して「営業外」の損益となります。「経常」とは、毎年変わらずに発生するという意味です。

④経常利益＋特別利益－特別損失＝税引前当期純利益

③で求めた経常利益に、特別利益を加え、特別損失を引いたものが「税引前当期純利益」です。当期は当たり前なので単に「税引前利益」ということもあります。特別損益は毎期発生する（経常的な）ものではなく、その期にだけ発生するものを指します。例えば、建物・土地などの資産を売却したことによる利益や、火災や自然災害による損失が発生すればこの項目になります。

⑤税引前当期純利益－法人税等＝当期純利益

会社の利益には法人税、法人住民税などが課税されます。④で求めた税引前当期純利益から、支払う税金を差し引いた残りが、当期純利益です。当期であることは自明なので、単に「純利益」といっても同じです。また最後まで残った利益なので、「最終利益」と呼ばれることもあります。

①で求めた粗利が、売上から売上原価を引いただけの「ざっくりした」利益で、まさに「粗い利益」というイメージであったのに対して、粗利を基点にして、そこからありとあらゆる費用や税金を差し引いて最後まで残ったものを当期純利益といいます。

損益計算書の動きと、キャッシュの動きの違いに注意

利益や費用は、会計のルールという「決め事」に基づいて計算された数字であって、キャッシュ（現金・預金）そのものとは異なります。

建設業であれば、いつの時点の利益や費用を決算に計上するのかという会計基準に「完成基準」と「進行基準」があります。同じ案件で同じ工事をしても、その会社がどちらの基準を採用しているかによって利益は異なることになります。最終的にはどちらでも同じになりますが、ある時点では違いが出ます。会計というものが、リアルなキャッシュの動きでなく、伝票や帳簿に基づいて計算をしているからです。

損益計算書は、売上から費用を差し引いて利益を求めますが、すべてのキャッシュの動きと連動しているわけではなく、大きな支払いや入金があっても損益計算書には表れない点は、特に注意が必要です。損益計算書だけでは、キャッシュの動きは把握できないということです。

銀行から受けている融資元本返済は大きな金額ですが「費用」には含まれず、損益計算

書のどこにも記載されません。ただし、支払利息は営業外費用として記載されます。他社あるいは経営者個人に貸し付けていたお金が返済されたり、第三者からの出資を受けて入金があったりした場合も、損益計算書の売上や収益には計上されません。

工場や機械設備、ソフトウェア、車両などを購入する設備投資の場合は、費用であっても一期にまとめて損益計算書に計上することはできず、一定のルールに基づいて何期かに分けて計上します。この仕組みを減価償却といいますが、減価償却も会計の数字とキャッシュの動きに差が出る要因の一つです。

経営者が押さえておくべきポイント①
原価と一般管理費との違い、およびそれぞれの概算

損益計算書の計算式や、さまざまな利益、費用の種類のすべてを覚えておく必要はありません。ポイントは、以下の2点です。

①原価と一般管理費との違いと、それぞれの金額
②粗利と純利益との関係と、それぞれの金額

まず、①原価と一般管理費の違いと、それぞれの金額ですが、日常会話でも会社の会議でも、「経費削減」とか「費用がかかる」という言葉がよく用いられます。その際の「経費」「費用」には、売上原価に分類されるものと一般管理費に分類されるものとの区別が意識されずに使われています。しかし、粗利至上主義経営にとっては、原価と一般管理費を区別することは非常に重要です。

原価を下げれば粗利は増えますが、一般管理費を減らしても粗利は増えません。粗利の増減に影響を与えるのは原価だけです。自社の費用のうち原価には何があり、一般管理費には何があるのかという区分、また、原価と一般管理費がそれぞれ1年間でどのくらいの金額になっているのかという概算の合計額を把握しておくことが必要です。

原価と一般管理費の性質の違い

原価と一般管理費の違いは、原価は大きく変化するが、一般管理費はあまり変わらないという点です。原価は売上に直接関係する費用でした。洋品店の例で、仕入れた服がまったく売れずに売上がゼロだとしたら、原価もゼロになります。逆に、10倍の量を仕入れて全部売れば、売上も10倍、原価も10倍になります。原価は売上に応じて大きく変化します。

また、原価率（一定の売上に対して原価が占める割合）は、経営者の意図によってある程度コントロールできます。3000円で仕入れたシャツを6000円で売るか7500円で売るかという売価の設定は、経営者の自由です。前者は原価率50％、後者であれば原価率40%になります。あるいは、これまで３０００円で仕入れて６０００円で販売していたシャツを別の卸売業者から２５００円で仕入れることができ、同じ６０００円で売れば、やはり原価率は大きく下がります。このように、原価率は仕入価格や販売価格によって大きく変わります。

【図表5】 原価率はコントロールできる

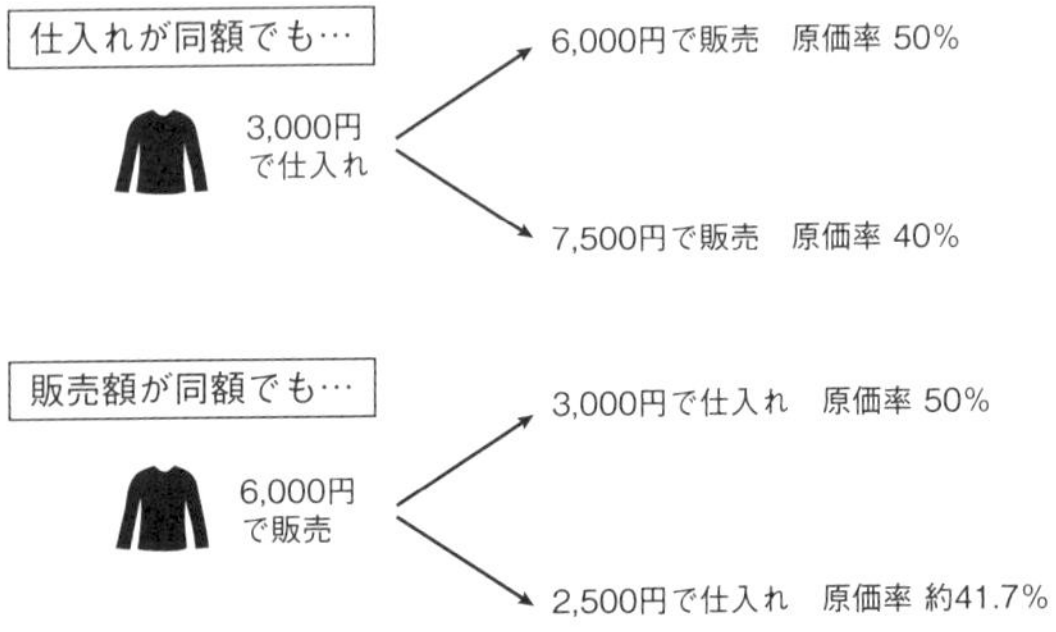

それに対し、一般管理費は売上によって大きく変動する性質のものではありません。一般管理費の代表的な項目である従業員の給料や、店舗や事務所の家賃は、売上が2倍になったから給料や家賃を2倍支払うとか、売上が半分になったから半分にするということはできません。

繁閑に応じて人員を調整して人件費の総額を調整

したり、あるいは事務所の引っ越しをして家賃が変わったりすることはありますが、簡単なことではありません。ある月の売上がゼロなら、その月の原価もゼロですが、一般管理費がゼロになることはあり得ないのです。売上に応じた大きな変化がなく、ある程度の範囲で一定であり、経営者が恣意的にコントロールできない部分も多いのが一般管理費の性質です。

一般管理費の細かいところに手をつけるのは最後の最後でいい

粗利が一定でも、一般管理費を減らせば純利益を増やすことができるので、純利益が少ない会社に融資している銀行や税理士が、交際費や役員報酬など一般管理費の削減を提案することもあります。銀行によっては、接待ゴルフを月1回にするとか、社用車を国産車に切り替えるといった細かいところまで指摘します。

とはいえ、銀行への元本返済を止めるリスケジューリング（支払い条件変更）のような状況でなければ、重箱の隅をつつくような一般管理費削減が求められることは疑問です。純利益を増やす効果は粗利を増やすのに比べればずっと小さく、経営者や社員の士気を低下させます。粗利の改善という大きな効果のあるところから施策を講じ、一般管理費は最後に見直すものです。

経営者が押さえておくべきポイント②
粗利と純利益との関係、およびそれぞれの概算

「利益を増やす」「利益が少ない」と言うときの「利益」も、粗利のことなのか、純利益のことなのかを明確に区別しておくことが重要です。粗利から一般管理費を差し引いた金額が営業利益になり、そこから支払利息などの費用、特別損益を加減したものが純利益です。

そこで、自社の粗利と純利益の概算を押さえておく必要があります。粗利を増やす方法と純利益を増やす方法は、異なる部分があるからです。粗利を増やすのは、「売価を上げる」（結果として売上が増える）か「原価を下げる」かのどちらかしかありません。粗利が増えたとき、そのほかの要素に変化がなければ純利益も増えます。しかし、粗利に変化

がなくても、一般管理費を減らすことで純利益を増やすことができます。営業外損益、特別損益の増減によっても純利益は変化します。

粗利「だけ」を見ることから、粗利至上主義へ

粗利をわずかでも増加させることができれば、会社の儲けである純利益は大きく増えます。逆に粗利が少しでも減れば、純利益は大きく減ります。だからこそ、儲かる会社にしたいのであれば、経営者は常に粗利を把握し、それを増やすことに心血を注がなければいけないのです。

売上至上主義でいることは、社員にとっても簡単で楽なことでした。単に売上が大きい案件の受注を目指せばいいのですから、やることはシンプルでした。これに対し、粗利を指標にするのであれば、案件ごとに粗利の（原価の）見積もりの概算を把握する必要が生じ、受注さえすれば良かった値引き交渉にも簡単に応じられなくなります。粗利が増えれば、給与やボーナス増だけでなく、残業の減少や休日の取得、現場の安全確保などの効果も期待できます。

粗利至上主義に必要なのは、経営者の覚悟

粗利至上主義に欠かせないのは「経営者の覚悟」です。

これまで多くの会社で、粗利至上主義の考え方と方法を伝えるコンサルティングを実施し、会社によっては短期間で経営が大きく改善しました。従業員をリストラしなければいけなかった会社や銀行から計画の組み直しを指摘されている会社、廃業時期を検討していた会社などが、利益を残して融資を返済できる会社に生まれ変わったのです。私がコンサルティングに関与した78件の企業のうち98％もの企業が、1年以内の業績改善を実現することができました。

しかし、業績改善後に残念な結果になってしまった会社があることも事実です。経営に余裕ができて再び、売上至上主義に戻ってしまう会社が何社かあったのです。

ある地方に、公共工事中心に請け負っていた売上高170億円規模の地場ゼネコンがあり、業績悪化で苦しんでいました。コンサルティングに入って粗利至上主義による手法を導入して改革を行い、売上を考慮せずに利益率の高い案件を中心とした受注に注力し、業

績は急回復しました。その後も月1回の経営会議に出席してコンサルティングを継続していましたが、ある日の会議後に、懇意にしていた役員から相談をもちかけられたのが、社長が役員会で「3年以内に再び売上高200億円企業を目指す」という方針を打ち出したという話でした。

社長本人に確認すると、先代から付き合いのある地元の古い経済団体の役員に就任し、「200億円企業にならなければ団体の中で格好がつかない。それが私の夢だ」と言うのです。せっかくここまで業績を上げたのに、とは思いましたが、そこは社長の意向なので仕方がありません。残念ではありましたが、方向性の違いは非常に大きいので、その後のコンサルティング契約を解除してもらいました。

これがいったんは粗利至上主義を採用しても、元の売上至上主義に戻ってしまう一般的なケースです。元の木阿弥で、儲からない仕事が増えて社員は疲弊し、会社が傾いていくという悪循環です。「売上」という数字は強い魅力をもっており、決別するには経営者に強い決意が必要です。同時に、粗利至上主義も、一度導入して成功すればおしまいではないといえます。

［第３章］

1年で赤字経営から脱却する！徹底的に粗利を追求した業績改善の具体策

粗利至上主義経営の導入は簡単

粗利至上主義でいちばん大変なのは、売上至上主義にとらわれている経営者と社員の気持ちを切り替えることです。粗利至上主義による儲かる会社に変えるという強い気持ちさえあれば、行動としてやること自体はさほど難しくありません。3つのステップでそれを実現することができます。

【ステップ1】 粗利の目標を定める
粗利目標額は、損益計算書をさかのぼって求める

その期初に、粗利の目標額を定めるのが［ステップ1］です。この段階を実行するのに大切なことは、粗利と純利益の関係や、原価になる費用と一般管理費になる費用の分類、またそれぞれの現状（前期や前々期の決算での実績）の概算数値を把握することです。営業外費用は支払利息が大きな場合は把握しますが、無借金または借入が少なく支払利息が

少なければ無視できます。借入があるなら、金融機関への融資返済額が年額でいくらなのかも確認しておく必要があります。

仮に前期が図表7のような数字だったとします。

次に、「いくらの儲けが欲しいのか」を考えます。ここでの「儲け」とは、粗利でも純利益額のことでもなく、純利益から融資返済をしたあとの、「キャッシュベースでの本当の儲け」のことです。現在は、純利益が5000万円で融資返済額が4000万円なので、1000万円が、このキャッシュベースでの儲けになっています。

仮にキャッシュベースでの儲けを「5000万円欲しい」とした場合、そこから逆算して粗利の目標額を設定しなければなりません。図表7・8においては現状のキャッシュ残が1000万円ですので、それを5000万円にするためには、粗利を4000万円上積みしなければなりません。よって会社全体としての、今期の目標粗利額は5億4000万円ということになります。これは、前期比では8％の増加です。

そこで、8％の粗利をどうやって増やせばいいのか、ということを考えていくのです。

【図表6】 粗利至上主義導入のための3ステップ

ステップ1　粗利の目標を定める

粗利目標
- 欲しい儲け（事業を成長させるために必要な費用）
- 融資返済額
- 営業外費用
- 一般管理費

【図表7】 重要な実績数字を確認しておく

項目	前期実績
粗利	5億円
一般管理費	4億4,000万円
営業外費用	1,000万円
純利益	5,000万円
融資返済額	4,000万円
キャッシュ残	1,000万円

【図表8】 目標粗利額の計算

① キャッシュベースで欲しい儲け：5,000万円

② 融資返済額：4,000万円

③ 営業外費用：1,000万円

④ 一般管理費：4億4,000万円

＝ 目標粗利額：5億4,000万円

損益計算書は、上から下に順に引き算で計算していくイメージでした。粗利目標の設定は、ちょうどその反対で、下から上に数字を積み上げていくことになります。

「欲しい儲け」の決定を邪魔するメンタルブロックを避けよ

「会社としていくらの儲けが欲しいのか」は、粗利目標を決める際の出発点です。ところが、これまでずっと売上至上主義で売上目標しか考えてこなかった経営者にとって、純利益は結果として残っているものを考えるので、決算が終わるまで今期の純利益がいくらになりそうか把握できていません。

長い間、最終損益が赤字（純損失）だったり、損益が同額（純利益が0円）だったり、ごくわずかな黒字が続けば、いつしか儲けという概念を否定してしまう気持ちになりがちです。それは自分の思い込みから自分自身が逃れられなくなる「メンタルブロック」がかかった状態ともいえます。粗利至上主義を目指す状態において、儲けることなどできないというメンタルブロックを外すことは、非常に重要なことになります。

まずは、3年後くらいの会社の状況を想像して、現在よりも事業を成長させるために何が必要なのかを考えます。例えば、3人は社員を増やしたい、隣県にも支店を出したい、最新の機械設備への更新が必要といった方針があれば、それにかかる投資額や費用を十分にまかなえる金額を、暫定的な基準にしなければなりません。

社員を3人増やすのに1人あたりの総人件費が年間600万円かかるとすれば、3人の人件費の合計額である1800万円を欲しい儲けにする必要があります。このように純利益の範囲内で会社が成長していくための投資を行うことができれば、借入を増やす必要もなく理想的な成長が描けます。

しかし、前期まで平均1000万円の純利益だったのを今年いきなり10億円にしようといっても常識的に考えて不可能です。画期的な事業プランを経営者が提示できるのであれば別ですが、目標は現状よりも高いところに置くべきだとはいえ、頑張れば手が届きそうだと思える程度のレベルにしておくことが、実行へのモチベーションを高めるポイントです。

全社目標粗利額を部門目標、さらに個人目標に落とし込む

会社の規模によっては、顧客からの受注を担う営業部などのプロフィット部門が、複数の部門に細分化されていることがあります。建設会社であれば、建築部門と土木部門があり、建築部門の下に住宅建築とリフォームに分かれていることもあります。営業部の下に、法人を顧客にする法人営業課と個人を顧客にする個人営業課などというように分かれていることもあります。

このような場合、全社の目標粗利額を各部門、さらに部門に所属する社員個人にも目標粗利額を割り振っていきます。全社の粗利額目標を出し抜けに伝えても、社員はそれが自分の仕事とどう関係があるのかピンときません。なるべく小さな行動単位で目標を与えることが大切です。

営業社員を集め、今期の全社の粗利目標は８０００万円が未達と説明するよりも、あなたの今期の個人目標にはあと２００万円不足していると伝えたら、自分自身のことだと真剣に考えます。

目標額の割り振りは、部門に対しては前期の実績などを見ながら経営者が判断し、個人目標は部門長などを交え、慎重に設定します。営業担当であれば、各人の経験や実力、各人が現時点でもっている顧客の数や規模を考慮します。適当と思われる数値の1～2割増しを目標にするのが理想です。

全社の決算情報をどこまで社内に開示するか

売上や営業利益（または純利益）を除き、自社の業績情報や決算書のすべての内容を一般社員にまで開示している会社はほとんどないと思われます。オーナー経営の企業であれば、一般管理費に含まれる経費に多かれ少なかれ公私混同とみなされる恐れのある部分もあり、なおさらです。また、社員には業況が厳しいので給与はこれだけと説明する一方で、経営者や取締役の役員報酬は知られたくないという経営者もいると思います。

しかし、粗利至上主義経営においては、目標粗利額の決定の計算要素となっている融資返済額や一般管理費の総額は可能な限り社員に知らせておくことがベターです。そうしなければ、目標設定の根拠に対する疑問が生じるからです。

会社がどういう成長策を考え、そのためにはどれだけの粗利が必要という根拠を正しく示すことが、社員のモチベーションにつながります。

ただ、一般管理費などは目標粗利額を設定するための要素として総額だけを示せば十分といえます。そして何より必要なのは案件ごとの仕入額や材料費、外注費、労務費などの原価項目なのです。

［ステップ2］　粗利の現状を常に把握する
粗利の現状は、2つのツールで確認する

経営者は、期中において、「現在の粗利額」と期初に設定した「目標との差額」を常に把握しておかなければいけません。そのための仕組みを整え、「現在の粗利額」と「目標との差額」を把握し続けることが、粗利至上主義経営の［ステップ2］となります。

粗利額を把握する方法は、一定期間（通常は毎月）ごとに、現在動いている現場と近い将来に確実に動くであろう現場の受注額・販売額、原価を集計することのみになります。受注額・販売額と、原価が分かれば、そこから粗利が分かります。

受注額・販売額や原価の種類、計上時期、計上方法は、業種によって大きく異なります。店舗で個人相手にモノやサービスを販売しているBtoCの事業は、いわゆる「日銭商売」で、クレジットカード決済などを除けば毎日の販売額＝毎日入ってくる現金となります。

建設業などのBtoB業種では、掛け売りで販売するので、受注した時点では現金が入り

【図表9】　粗利至上主義導入のための3ステップ

ステップ2　粗利の現状を常に把握する

「現在の粗利額」と期初に設定した「目標との差額」を把握し続ける

↓

一定期間（毎月）ごとに受注額・販売額と原価を集計する

＝

粗利の進捗が常に分かる

ません。この契約を取ればいくらの受注になるという確定前の将来の受注額は、ある程度のメドは立ちます。そのため、粗利額の把握方法も業種によって、かなり異なってきます。

そこで、私が主としてコンサルティングをしている建設業を例にして、期中に粗利額を把握するための「受注予定表」「受注現場一覧表」という2つのツールを使用します。この2点は、建設業界用のツールですが、項目の区分などを変えれば他業界でも応用できます。ツールといっても、専用のソフトウェアなどではなく、単なる表計算ソフト（エクセルやGoogleスプレッドシート）のシート2点のみです。

「受注予定表」のフォーマットと記載方法

受注予定表は、まだ受注確定はしていない、商談が進行中の案件をランク（進行ステータス）ごとにまとめるための一覧表です。

商談案件を、受注できるかどうかの見込み度（受注可能性）によって、A・B・Cの3つのランクに分けて記載します。

Aランクは、もうクロージング段階になっていて、あとは契約書を交わすだけなどの、受注確率が90％以上になっていると見込んでいる案件です。

Bランクは、たぶん受注できると思うけれども、まだどうなるか分からない、確率50％以上という見込みの案件です。

Cランクは、見込み客と話はしているものの反応が芳しくないとか、条件に隔たりがあるとか、引き合いがあってから話を始めたばかりといった不確定要素が大きいものとなります。

ランク分けについては感覚的な部分が非常に大きいので、そこまで厳密にこだわる必要はありません。特に、BランクとCランクの区分はおおよそで問題ありません。

記載する細目内容はA～Cのどのランクでも同じで、「受注先名、工事名、場所、工期、見積金額、粗利額、利益率、最新状況」となっています。「粗利額」は「見積金額－原価額」で算出できます。また、「利益率」は「粗利額÷見積金額」で求めます。「最新状況」には、「稟議書作成中」「役員決裁待ち」など、商談の進捗状況のメモを記載します。また、「見積金額」「粗利額」については、ランク区分ごとの合計額を記載します。

当初A～Cに記載されていた案件が、実際に受注されたあとは、実行予算書の作成を経てから、「受注現場一覧表」に移行して記載されます。そして、その移行前（実行予算書作成前）の段階の案件をまとめて記載するのが「受注予定表」の「受注済」区分です。

実行予算書が作成されて、工事がスタートしたら、受注予定表からは削除され、「受注現場一覧表」に記載されることになります。

【図表 10】「受注予定表」のフォーマットと記載方法

受注済受注予定表

(単位：円)

令和５年３月度　　令和５年 10 月 16 日

	受注済	実行予算書作成前（仕掛かり現場一覧表への移行前物件のみ）						
	受注先	工事名	場所	工期	見積金額	粗利額	利益率	最新状況
1	○○市	土地区画 第１工区	○○地内	2/5 ～ 3/28	22,000,000	6,200,000	28.2%	
2	○○道路	○○地内除雪	○○地内	1/24 ～ 4/12	130,000	50,000	38.5%	
3	○○土木	○○地埋設工事	○○地内	2/13 ～ 3/31	14,500,000	4,200,000	29.0%	
4								
	(受注済の合計)				36,630,000	10,450,000	28.5%	
	①Aランク							
	受注予定先	工事名	場所	工期	見積金額	粗利額	利益率	最新状況
1	○○電気工事	AB 工業マンホール工事	○○地内	4/1 ～ 5/28	190,000	60,000	31.6%	
2	○○電気工事	○○コーポレーション 配管工事	○○地内	3/5 ～ 3/12	510,000	110,000	21.6%	
3								
4								
	(Aランクの合計)				700,000	170,000	24.3%	
	①Bランク	(確率 50%～ 70%付近) そこそこの確率と感じられる営業中の物件						
	受注予定先	工事名	場所	工期	見積金額	粗利額	利益率	最新状況
1	○○道路	○○町地内外構工事	○○地内	5/1 ～ 6/28	2,200,000	700,000	31.8%	
2								
3								
4								
	(Bランクの合計)				2,200,000	700,000	31.8%	
	①Cランク	(確率 50%未満) 現時点では受注できるかどうかまったく分からない物件。 他に、積算物件やとりあえずでも話をもらった営業中の物件						
	受注予定先	工事名	場所	工期	見積金額	粗利額	利益率	最新状況
1	民間	○○地内造成工事	○○地内	5/1 ～ 6/23	3,300,000	800,000	24.2%	
2	民間	駐車場 整備工事	○○地内	4/5 ～ 5/12	23,000,000	5,500,000	23.9%	
3								
4								
	(C ランクの合計)				26,300,000	6,300,000	24.0%	

	売工高	粗利額	
受注済	36,630,000	10,450,000	
受注済＋A	37,330,000	10,620,000	
受注済＋A B	39,530,000	11,320,000	
受注済＋A B C	65,830,000	17,620,000	

受注予定表は、納品日（工事完成・引き渡し日）の年度ごとに作る

注意するのは、その案件の「納品日」が属する決算年度ごとに分けて、集計しなければならないということです。建設業なら、納品日は、工事完成・引き渡し日です。例えば、現在が2024年度だとします。受注予定は2024年度内だとしても、完成・引き渡し予定が、翌期の2025年度になるなら、2025年度分として、2025年度分のシートに記載しなければならないということです。

建設工事のように受注から納品までの期間が長い業種では、その収益や費用をいつ計上するのかによって、各期の決算内容が大きく変化します。そのため収益や費用の計上基準には厳格なルールが定められているのですが、建設業においては大きく「完成基準」と「進行基準」とに分けられます。完成基準を採用していれば、その案件の収益、原価、粗利などは、完成時点でまとめて確定させて計上することになります。そのほうが、工期途中の原価の変動などの反映も簡単で、経理の手間がかからず、恣意的な利益操作もしにくいので、私は基本的に完成基準を採用することを勧めています。

完成基準を採用しているなら、これから受注した案件の収益が確定するのは、その完成・引き渡し予定年度になりますから、「完成・引き渡し予定年度の案件」として記載するのです。したがって、「受注予定表」は、「２０２４年度（第20期）受注予定表」「２０２５年度（第21期）受注予定表」など年度（期）ごとに作成されます。

「受注現場一覧表」のフォーマットと記載方法

受注できたのち、実行予算書が作成され工事がスタートしている現場を、一覧表形式で記載するのが、「受注現場一覧表」です。「受注現場一覧表」も、「受注予定表」と同様に、年度ごとに作成します。

期初に初めて作成するときは、前期に受注してすでに工事が進行中の仕掛かり現場をすべて記載します。そして、今期中に新規受注して、工事が開始された案件を、順次加えていきます。「受注現場一覧表」は、縦に大きく、「共通部分」「当初金額ブロック」「最終（経過）金額ブロック」に分かれています。「当初金額ブロック」「最終（経過）金額ブロック」は、私は普段は「左」「右」と呼んでいます。共通部分には、受注番号、①受注日、②現場名などを記載します。

「当初金額ブロック」（左）には、工事開始時点で、実行予算書に計上されている以下の項目を記載します。

③当初受注金額
④実行予算書原価（機械費、外注費、その他諸経費など）と原価合計
⑤当初粗利額（受注金額－原価合計）、粗利率（粗利額÷受注金額）

また、「最終（経過）金額ブロック」（右）には、⑥最終（経過）受注金額、⑦最終原価（または経過時点での見込み原価）、⑧最終（経過）粗利額（最終受注金額－最終原価合計）、粗利率（最終粗利額÷最終受注金額）を記載します。

〇〇年〇月〇日

（単位：円）

⑥	最終原価（経過時点での見込み原価）				最終（経過）粗利額		
	⑦				⑧		
最終（経過）受注金額	機械費	外注費	その他諸経費	合計	⑥-⑦ 粗利額	粗利率	⑤-⑧ 粗利増減
24,400,000	6,825,000	13,170,000	645,000	20,640,000	3,760,000	15.41%	0
14,520,000	1,355,000	10,890,000	64,388	12,309,388	2,210,612	15.22%	350,612
13,530,000	390,000	11,771,100	8,000	12,169,100	1,360,900	10.06%	0
31,900,000		28,000,000		28,000,000	3,900,000	12.23%	0
20,700,000	8,487,000	8,487,000		16,974,000	3,726,000	18.00%	0
49,150,000		40,300,000		40,300,000	8,850,000	18.01%	0
4,400,000	124,800	3,828,000	7,000	3,959,800	440,200	10.00%	0
158,600,000	17,181,800	116,446,100	724,388	134,352,288	24,247,712	15.29%	350,612
36,630,000					10,450,000	28.53%	
700,000					170,000	24.29%	
195,930,000	17,181,800	116,446,100	724,388	134,352,288	34,867,712	17.80%	350,612

240,000,000	＜現場終了後最終採算確定時（および経過時点）＞	43,000,000	17.92%

当社販管費（営業利益分岐点）	33,000,000
当社経営利益分岐点（支払金利含む）	35,000,000

【図表 11】「受注現場一覧表」のフォーマットと記載方法

＜受注現場一覧表＞

※ R6 年 3 月期分

（単位：円）

	①	②	③	実行予算書原価（取り決め最終金額）④				当初粗利額 ⑤	
NO	受注日	現場名	当初受注金額	機械費	外注費	その他諸経費	合計	③－④ 粗利額	粗利率
1	2023 年 4 月	排水施設整備事業	24,400,000	6,825,000	13,170,000	645,000	20,640,000	3,760,000	15.41%
2	2023 年 6 月	公共下水道事業汚水管敷設工事	14,700,000	1,080,000	11,760,000		12,840,000	1,860,000	12.65%
3	2023 年 9 月	消雪配管工事 1	13,530,000	390,000	11,771,100	8,000	12,169,100	1,360,900	10.06%
4	2023 年 10 月	排水施設整備事業水路工事	31,900,000		28,000,000		28,000,000	3,900,000	12.23%
5	2023 年 10 月	土地区画整理事業 第 1 工区	20,700,000	8,487,000	8,487,000		16,974,000	3,726,000	18.00%
6	2023 年 10 月	県耐震化事業管埋設工事	49,150,000		40,300,000		40,300,000	8,850,000	18.01%
7	2023 年 2 月	消雪配管工事 2	4,400,000	124,800	3,828,000	7,000	3,959,800	440,200	10.00%
＜請負工事＞合計			158,780,000	16,906,800	117,316,100	660,000	134,882,900	23,897,100	15.05%
＜受注予定表・受注済工事合計＞			36,630,000					10,450,000	28.53%
＜受注予定表 A ランク合計＞			700,000					170,000	24.29%
今期売上進捗 ＋ 粗利益進捗 ＋ 現状粗利益率			196,110,000	16,906,800	117,316,100	660,000	134,882,900	34,517,100	17.60%

今期売上目安＋ 粗利益目標 ＋ 目標粗利益率	240,000,000	＜実行予算書作成時＞	43,000,000	17.92%

大規模の建築工事は長期間にわたるため、当初の予算どおりに工事が進むことはまずありません。たいていの場合、原価は当初予算から変化します。原価や受注金額が変われば当然、粗利額も変わってきます。その変化の途中経過における「最終見込み」や最終結果を記載するのが右側の「最終（経過）金額ブロック」です。工期が一定期間経過した区切りのいい段階で、実際にかかった原価とこれからかかる予定の原価を算定して、最終原価の見込みを出します。こうすれば、当初予算との差額は一目瞭然となります。

常に粗利を確認し、その向上を目指し続ける

もし、工期の前半で当初の予算以上に原価が上がっていることが分かれば、工期の後半で原価を削減できる部分がないか、知恵を絞らなければいけません。工事完了後に、最終的に原価が予算をオーバーしていたら、受注金額を引き上げられないかどうか、発注先との交渉も必要になります。最終受注金額が、当初受注金額から変化することもあります。

こうした変化があれば、当然粗利額も変化します。当初の粗利額と最終粗利額の差（増

減）を確認して、もし減っていれば、どうしてそうなったのか原因を徹底的に探り、次の現場ではそうならないためにどうすればいいのかを、経営者も現場担当者も考えなければなりません。このように、現場ごとに当初予算段階だけではなく、経過段階、最終段階と、各段階で粗利を確認し続けることにより、粗利益の低下を防ぐことを常に意識していきます。もし結果的にその現場では粗利が下がってしまっても、次にはそうならないよう対策を練る必要があります。

現場ごとにそうした努力を不断に続けていかなければ、自然と採算（粗利率）は下がっていきます。経営者はもちろん、現場担当者にも粗利を分かりやすく「見える化」することで、採算低下を防ぎ、粗利の増大を常に目指す姿勢を植え付けるために使える重要なツールこそが、「受注現場一覧表」なのです。

累計することで、目標粗利額の達成度も一目瞭然となる

「受注現場一覧表」の役割は、左と右を現場ごとにチェックすることで、粗利率の低下を防止できることだけではありません。シートの下部には、今期分の「受注予定表」から「受注済案件」と「Aランク案件」の「見積金額」と「粗利額」の合計額を転記します。これは、個別の案件ごとではなく、合計額のみの転記であることに注意してください。そして、「受注現場一覧表」の⑤当初粗利額の下部に、「受注予定表」の「受注済案件」「Aランク案件」の「見積金額」と「粗利額」のそれぞれの合計金額を記載します（シートでは関数により自動計算されるようにしておきます）。

これにより、「すでに工事が始まっていて今期中に完成する現場」と、現時点で「これから工事が始まり、今期中に完成すると見込まれる現場」の、受注額と粗利額の合計金額が分かるのです。なお、言うまでもありませんが、売上高は粗利率などを算出するために記載しているだけであり、見るべき数字は粗利の合計額だけです。

ここに記載されている粗利合計額は、なんらかのトラブルにより、粗利益の減少などが

起こらない限り、今期の粗利として決算に計上されるはずです。いわば、その時点での「目標粗利額のうちすでに達成された部分」となります。今期の粗利額目標が5億円、「受注現場一覧表」に累計された合計粗利額が3億円だとしたら、達成率は60％です。目標達成には、あと2億円の粗利が必要だということが分かります。

試算表ではだめなのか？

多少の会計知識があれば、毎月の試算表に売上総利益（粗利）が記載されているのだから、それを見れば粗利目標の達成進捗度は分かるだろうと考えます。確かに、税理士に依頼していれば毎月帳簿を締めたあとに試算表（月次決算）が提出されます。試算表の損益計算書には売上総利益という項目があり、これが今期のその月までにすでに達成している粗利となっています。しかし試算表には、まだ受注しておらず、売掛金としても計上されていない案件の粗利は当然、反映されていません。過去の情報しか分からないのが会計データです。これに対し、「受注現場一覧表」の粗利合計額には、受注がほぼ確実なAランク案件のものまでも含まれており、より現在の時点に近い達成の見込みが分かるのです。

粗利合計額の目的は、目標粗利額が達成できそうかどうかを確認することであり、過去分だけではなく、ほぼ確実な将来の分まで含めれば、よりその確実性が高まります。「受注現場一覧表」には、現場ごとの原価や粗利の当初と経過時点、最終時点との差異を確認して調整をしたり、粗利率低下を防いだりする役割もあります。そして試算表だけでは、それを担うのは不可能といえます。

「受注予定表」「受注現場一覧表」を作ること自体に、それほど手間はかかりません。建設業以外でも、まとまった規模の案件を受注するタイプのＢtoＢ業種であれば、「受注予定表」「受注現場一覧表」を応用することが十分に可能です。建設業のようなＢtoＢの受注業種ではなく、ＢtoＣ店舗などの「現金商売」の業種の場合は、毎月の試算表だけで粗利達成度を測っても大きな不便はありません。

「受注予定表」「受注現場一覧表」をきちんと整備しておくと、税務調査にも効果的です。コンサルティングに入らせていただく建設会社などは業績好調とはいえない会社が多いため、税務調査の経験もあまりない会社が多いです。しかし業績が回復し税務署が調査に来た際にこの「受注予定表」「受注現場一覧表」を見せると、中小企業でもこれだけきちんと業績管理をしているのであれば問題ないとの印象を強く与えるようです。タイムリーに足元の業績を管理している会社などは本当に少ないのです。

入力をルール化する

「受注予定表」「受注現場一覧表」は便利なツールですが、ある程度規模が大きく、案件、現場数が多い会社だと、つい入力を忘れて抜けや漏れが出てしまうことがあります。すべての案件が記載された正確なデータでなければ意味がなくなるので、入力と確認をルール化しておく必要があります。

多くの会社では、営業部員に業務日報や業務週報の記載を義務付けていると思いますので、日報や週報のデータと「受注予定表」をリンクできるようなフォーマットを設けておくことを推奨します。月ごとの報告では頻度として粗すぎるので、最低でも週に一度は最新の状況の報告を上げるようにします。また、入力データが間違っていては元も子もないので、入力する営業担当者によく確認させるようにします。業績の良い会社ほど、そういう基本を徹底させています。

新規顧客獲得のマーケティングを効率化するＭＡツールや、事務作業を自動化するＲＰＡを用いて、営業担当者がフォーマットに入力したデータが「受注予定表」に反映される仕組みが理想ですが、構築に手間がかかります。そのため「受注予定表」のシートのコピーファイルを営業担当者に配付して入力させ、毎週末に提出を義務付ける形で問題ありません。その時々の進捗具合を肌で感じられるという意味では、毎月１００件以上も新規案件があれば別ですが、多くの会社では月に数十件程度のため、経営者自身が集計作業を行うのも選択肢の一つです。さらに、「受注予定表」に掲載後、受注案件は、担当者が実行予算書を作成・提出する際に、「受注現場一覧表」のフォーマットにも入力します。いずれにしても、明文化したルールとして実行していくことが望ましいです。

［ステップ３］粗利の目標と現状の差異を埋める
必ず定例で粗利確認会議を開催する

「受注予定表」と「受注現場一覧表」を常にアップデートしていれば、それによって、最新の粗利額目標達成度が把握できます。その進捗度合いを全社で共有して、不足分をどのようにして埋めるかを考えるのが、［ステップ３］になります。

現時点での粗利額の目標達成度を全社的に確認し、現状に対してどう対応すべきかを話し合う場が「粗利確認会議」です。粗利確認会議は全社レベルのものと、部門レベルのものがあります。新たに特化した会議にしなくても、役員や部門長が集まる月例の経営会議（役員会議）や、営業部員全員が集まる営業会議などのなかで開催することもできます。

定例の経営会議や営業会議を実施していない会社の場合は、新たに粗利確認会議を設置し、定例化することが必要です。毎月１回などと決め、必ず開催することが重要です。「毎月第１月曜日の午前９時」と決めたら、その時間のほかの業務のアポイントは禁止にするくらい、社内で重要な位置付けとする必要があります。

【図表12】 粗利至上主義導入のための3ステップ

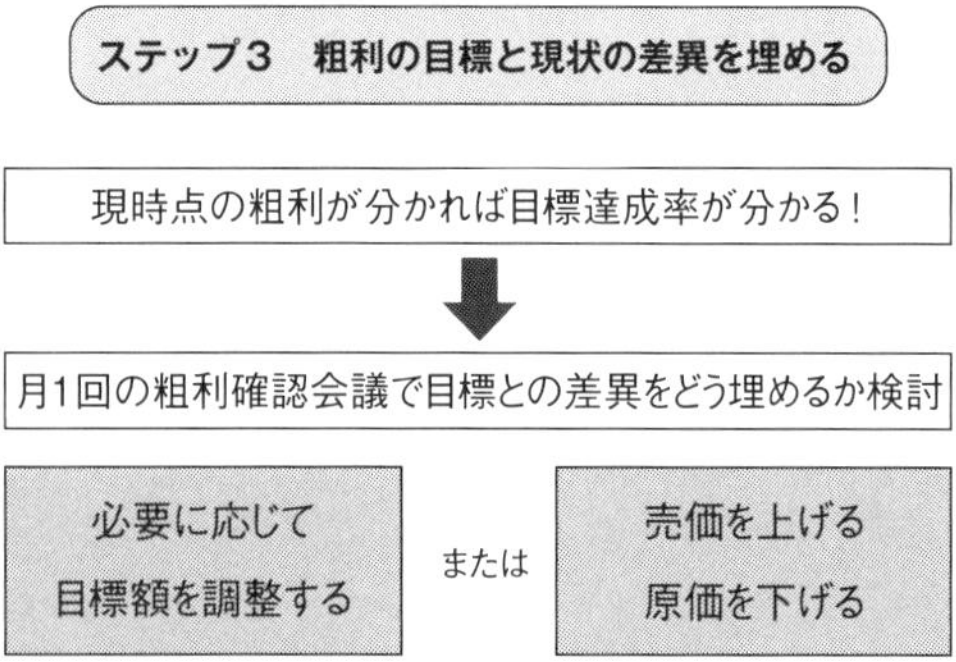
ステップ3　粗利の目標と現状の差異を埋める
現時点の粗利が分かれば目標達成率が分かる！
月1回の粗利確認会議で目標との差異をどう埋めるか検討
必要に応じて
目標額を調整する
または
売価を上げる
原価を下げる

会議には、役員のほか、部門目標を割り当てられている部門長に出席してもらい、「受注予定表」「受注現場一覧表」を基に、部門ごとにその時点で達成している粗利額、粗利目標額との差異を確認します。部門の粗利目標額が2億円で、「受注現場一覧表」に計上されている粗利合計額が1億5000万円だとしたら、今後、差額の5000万円をどのように埋めていくのかを確認し、その対策を皆で協議するのです。

「受注予定表」に掲載されているBランク、Cランクの案件のうち、○件が来月まではAランクに進む見込みのため、3000万円の粗利が計上できるといった具合です。営業部などで行う粗利確認会議も、基本的に同じです。営業部員各自に割り当てられた粗利目標額と現状の達成額、差異を確認し、どのように埋めるのかを検討します。

場合によっては、目標額を調整したほうがいいこともある

粗利確認会議は最低でも毎月1回開きますが、粗利の進捗確認においては、業種ごとの納期（収益計上時期）の特性も考慮する必要があります。

建設業の場合、リフォーム工事などの小規模な工事を除けば、受注から納期までの期間は通常、短くても数カ月かかります。期の後半に案件が受注できても、納品は翌期になります。逆に今期の前半期に完成した工事の多くは、前期までに受注した案件だということです。こうした納期の特性を考えると、建設業の場合、半期が経過した時点で少なくとも7割、できれば8割くらいの粗利額が達成できていなければ、通期での達成は困難になります。業種によっては、年度末（1～3月）の第4四半期に粗利の計上が集中するといったケースもあり、業種特性も踏まえたうえで粗利目標の進捗を確認し、そのあとの達成計画を立てなければなりません。

建設業で1億円の粗利目標に対して半期で5000万円しか達成できていなかったとすれば、後半期にあと5000万円を達成するのはかなり苦しくなります。全社的な営業目標を、受注規模が小規模で納期が短い案件に集中するように方向転換する戦略変更を考えなければいけませんが、急に営業体制を変更して成果を出すことは大変です。だからこそ、粗利確認会議は最低でも月に1回は実施し、近未来の受注予定案件まで含めて、早めに粗利達成の現状と予測を確認して手を打つ必要があります。

1億円の粗利目標に対して半期で3000万円しか達成できていないのであれば、会社の根本に関わるような問題などが生じている可能性があります。通期の粗利目標も、6000万円にするなどの調整が必要になります。しかし、下方修正はあくまでも例外的な対応であって、何より期初にしっかり考えて設定した粗利額目標を立てるべきです。

社員の気持ちを動かす伝え方のポイント

粗利確認会議の進行方法や、そこでの伝え方などについて、最も大切なことをここで1点だけ述べておきます。経営者は常に、物事を「はっきりと伝えなければいけない」ということです。

自分が考えた方針や立てた目標を伝えるのに、言い訳めいたセリフを加えたり、自信のなさそうな態度で話したり、役員や部下の顔色をうかがうような態度の経営者は意外と多くいます。頭ごなしに有無を言わせぬ態度を取るワンマン経営者は少数派で、最近では自信がない経営者のほうが多いと感じています。そういう経営者の方々は、これまでと違う方針（粗利至上主義）を採用し、新たな目標を設定することで部下が反発するのではないか、失敗したら責めを負うのではないかと不安になるのだと思います。

しかし、経営者は会社のリーダーです。リーダーの役割は、進むべき道を明確に示し、失敗したら責任を取ることです（辞めるという意味ではありません）。リーダーの役割を理解し、自分が伝える内容に自信さえあれば、伝えることは難しいことではありません。話し方や声の出し方は少しばかり練習が必要ですが、とにかく会議の場でははっきりと伝えることを強く意識してください。

粗利至上主義の徹底も同じです。粗利確認会議では売上高についてはいっさい言及してはいけません。経営者が少しでも売上を気にしているそぶりを見せれば、なんだかんだ言ってもやはり売上は大切なのかととらえられ、元の売上至上主義に戻ってしまいます。売上高にはいっさい言及せず、あくまで粗利だけを話題にする姿勢は貫いてほしいと思います。

粗利を増やすためには、「売価を上げる」か「原価を下げる」

粗利の目標と現状の差異が、毎月の会議で確認されます。期初に設定された粗利目標額は、過去の粗利額よりも高い金額に設定されるはずです。その達成のためには、これまでと同じ粗利の「稼ぎ方」をしていてはだめだということです。

案件単位で見れば、粗利を上げる方法には「売価を上げる」か「原価を下げる」のどちらかしかありません。ここでの「売価」とは、建設業でいえば案件ごとの受注単価ですし、ラーメン店だったらラーメン1杯の値段です。理屈上は、売価と原価が同じままでも、受注数を増やせば会社全体の粗利は増えます。しかし、受注数を増やそうとすることは、売上増を目指す売上至上主義と同じで、最終的には儲けが減って会社が疲弊し、衰退する方向に進む可能性が高くなります。

今の日本の会社では、社員に遊ぶ余裕はないと思います。目いっぱい働いている状況で受注案件数が2割、3割と増やせたとしても、これまでと同じ業務クオリティで回していけるかどうか疑問です。どこかで無理が生じていて、新たに社員を増やそうにも、簡単に優秀な人材や現場要員を採用できる時代ではありません。それよりは、案件ごとの粗利を増やす、あるいは粗利が低い案件から粗利が高い案件へと切り替えるという粗利至上主義を貫くことのほうがはるかに現実性が高く、効率的に粗利を増やせるのです。

売価引き上げ、原価引き下げで、粗利はどのくらい変わるのか？

新規受注と、「売価引き上げ・原価引き下げ」の違いを数値例で考えます。

ある会社で年間100件の案件を受注していて、総額の受注額（売価）が10億円、原価が8億円、粗利が2億円だとします。中小建設業の粗利率は平均20％程度なので、標準的な数字です（一般財団法人建設業情報管理センター「建設業の経営分析（令和2年度）」）。

【図表 13】 粗利の変化のまとめ

	受注額（売価）	原価	粗利
現状	10 億円	8 億円	2 億円
売価はそのまま受注を 10% 増やす	11 億円	8 億 8,000 万円	2 億 2,000 万円
受注数はそのまま売価 10% 引き上げ	11 億円	8 億円	3 億円
受注数はそのまま売価 10% 引き上げ 原価 10% 引き下げ	11 億円	7 億 2,000 万円	3 億 8,000 万円

単純に100件で割ると1件あたりの平均は、受注額が1000万円、原価が800万円、粗利が200万円になります。

この会社で平均値の案件を10件新規受注すれば、粗利額は2000万円上乗せされます。10％の案件数の増加で、原価と粗利もそれぞれ10％増えるというわけです。

ただ、10％も案件数が増えればその分業務は増えます。場合によっては社員の残業を増やしたり、新規採用したりするなどして一般管理費を増加させなければいけません。

では、案件数は同じ100件のままで、全案件について10％の売価引き上げが実現できたとしたら、売価を上げるだけで原価は変わりません。受注額は11億円、原価はそのまま8億円、粗利が3億円になります。粗利額は、2億円から3億円に、

50％も増加するのです。

次に、売価引き上げに加えて、原価を10％引き下げた場合です。受注額は11億円、原価は7億2０００万円、粗利額は3億8０００万円になります。粗利の増加率は90％と、ほぼ倍増です。

押さえておいてほしいのは、売価引き上げと原価引き下げに必要なのは顧客と仕入先との交渉だけだということです。つまり仕事量はほとんど増えず、新規案件を10％増やす場合のように残業を増やしたり新たに人を雇ったりする必要はまったくないのです。

数字の変化を追うだけでも、売上至上主義から粗利至上主義へ移行すること、そして、受注数を増やすのではなく、売価を上げるか、原価を下げるかのいずれかを行うことが、いかに効率的に粗利を増やす方法であるかが分かると思います。

■売価引き上げメソッド

メソッド1：「値上げは良いこと」という意識を社内に浸透させる

売価引き上げとは、値上げです。2022年以降は、日本国内でもはっきりと物価上昇圧力が表れており、さまざまな物品の値上げが進んでいます。しかし、食品や日用消耗品などでは、いまだに販売価格自体は据え置いたまま、内容量を減らすなどの「ステルス値上げ」も横行しています。

日本では、1990年代以降、長い間、マイナス～ゼロ成長経済の時代が続いてきました。値下げするのが企業努力、安くすれば売れるという〝デフレマインド〟がすっかり定着しているため、企業側の値上げに対する抵抗感が非常に強いのです。

物価の変動による影響を取り除いた実質賃金は、2023年8月時点で、2022年4月以降17カ月連続で前年同月割れとなっており、事実上の賃下げが続いているため、消費者の購買力も上がっていません。そういった背景からもBtoC業種では、値上げに及び腰になるのも理解できなくはありません。

しかし経営者は、値上げは良いことだという意識をもち、社員にも浸透させていく必要があります。これこそ売上至上主義の悪しき部分なのですが、長らく売上至上主義で営業をしてきた営業社員は、売るために値引きは当たり前という意識が染み付いています。実際、何も考えずに値下げして売るのは営業社員として楽なことです。

値引きしなければ売れないと反論する営業社員もいます。それに対しては、粗利至上主義に切り替えたことを前提に、儲けが出ない仕事はしない、必要以上の大きな値引きをしてまで売らなくてもよいとはっきり伝えます。値上げこそが粗利を増やす方法の柱であり、会社に儲けをもたらすという意識を徹底します。

メソッド2：値上げ額は「単純」に決める

値上げをしようと決めたら、次はその上げ幅です。厳密にやろうとすると、販売する商品や案件によっても、顧客によっても違ってきます。これまで値上げをしたことのない会社であれば、勘所がつかみにくいと思います。そこで基本となるのは、期初に設定した全社の粗利目標額の前期比増加分をそのまま乗せる方法です。今期の粗利目標額が、前期比10％増だとしたら、全商品を一律10％値上げします。ハレーションが生まれると感じられるなら、最初は一律5％から始め、段階的に10％に上げていきます。

これまで200万円で見積もりを出していたなら、5％乗せて210万円にし、そのまま顧客に提出します。値上げの事実を伝える必要もありません。この程度であれば、相手は意外と気づかない、あるいは、気づいても気にしない場合も多いと考えられます。私がコンサルティングをして値上げをした会社からは、顧客から文句を言われると思ったが、なにも言われずに拍子抜けしたという話を今まで何百回も聞いたくらいです。

しばらくやってみて、今度は以前の10％値上げします。もともと200万円だったら、220万円です。こうして、どこかのタイミングで顧客から指摘されたら、そこからは交渉次第で、220万円で提示した見積もりを218万円に下げるのも一手です。それでも当初よりは9％の値上げになります。社員が値上げに慣れてきたら、値上げ幅だけ決めて、具体的な金額は現場の社員の裁量に任せる方法もあります。

メソッド3：明確な「値上げの理由」を与える

値上げした見積もりに対し、なぜ値上げをしたのかと問われることも、もちろんあります。実際にあった失敗例としては、値上げについて聞かれた営業社員が、社長に言われたからとだけ説明し、顧客を怒らせたことがありました。そのため営業社員には、顧客に伝えるべき「値上げの理由」を事前に共有しておく必要があります。

業界によっても異なりますが、建設業界であれば、職人不足で人件費が高騰している、輸入資材が高騰している、ガソリン代、電気代が高騰しているなどを言えば十分です。値上げ幅については、材料費などが平均10％ほど値上がりしているといった具合です。これは実際の原価とは関係ありません。あくまでも顧客への説明のためであり、原価が本当に10％上がっていれば、実際には20％以上の値上げをする必要があります。いずれにしても、値上げ理由の想定回答を各社で必ず用意しておき、営業社員に共有しなければなりません。

メソッド4：値上げ交渉をさせる

値上げ幅を決めて想定問答も用意したら、営業社員は値上げに動きます。新規顧客であれば、値上げ後の見積もりを提示するだけですが、既存顧客との継続取引やリピート発注が大半を占めていれば、値上げ交渉が必要になります。このときまず必要なのは、実際に交渉をさせることです。というのは、ほとんどの営業社員は、経営者や上司からの明確な指示がなければ、顧客との交渉すらしないケースが多いからです。営業社員にしてみれば、これまでどおりの価格でこれまでどおりに取引をしていれば楽に終わる仕事なのに、わざわざ面倒な交渉などしたくないという気持ちが働きます。

指示されなくても、粗利を増やすために自ら値上げ交渉に回るといった意識の高い社員などは、ほとんどいないと言っても過言ではありません。これは、これまでも会社が値上げなどをほとんど行ってこなかった習慣があるためで、まずは「必ず交渉させる」というのが一つのスタート地点になります。

メソッド5：メンタルブロックを外して値上げは簡単だと考える

デフレ時代の経営者や営業社員は、値上げ慣れしていません。そのために、ハードルが高いと考えますが、それは完全な思い込みです。やってみると意外に簡単なのが、値上げ交渉です。

以前、私がコンサルティングをしていた建設会社の社長は、新規の顧客から工事の見積もりを依頼されました。会社の方向性を粗利至上主義に転換したということもあり、今までなら500万円で請け負ってきた同種の工事に対し、600万円で見積もりを提出したのです。材料単価の上昇も理由に了承してもらったのですが、工事が完了して納品した際に、このご時世で600万円ではできないと思っていたが意外に安くて助かったと言われ、それならば700万円と言っておけばよかったという話でした。これが、メンタルブロックとその実態における典型例ともいえます。

値上げ額については、経営者にも営業社員にもメンタルブロックがかかるところです。こんなに値上げを要求したら顧客を怒らせて、離れていってしまうのではないかといった不安が、値上げ幅を小さくさせてしまうのです。しかしそれは、業績不振から会社を立て直すため、会社によっては倒産を回避するためのものです。会社や社員を守るということと、取引先に怒られたくない、嫌われたくないことと、どちらが大切か説明するまでもありません。どうしても最低限の値引きが必要だと感じた場合は、自分が思ったよりも高い値上げ幅を示し、状況に応じてそこから減額交渉などに入ればよいだけのことです。

メソッド６：顧客の予算を鵜呑みにしない

見積もり交渉の前に、顧客から予算を提示されることがあります。そのとき、相手の話を額面どおりに受け取ってはいけません。本心ではまったく別の水準を見ているということは、よくあることです。営業社員は、相手が本音でその金額を言っているのか、交渉のためのブラフをかけられているだけなのかを見極めなければいけません。そのためには、最近、近隣で実施された同種・同規模工事の他社の受注額相場や、その会社が過去に請け負っている工事の受注額、その会社の近年の業績推移などを知る必要があります。本当にそれしか出せないのか、それとももう少し許容範囲がありそうかどうかを、推測するのです。

これは、価格交渉のなかでも高度な部類です。常に正しい推測ができるとは限りませんが、営業社員はこうした「考える習慣」を身につけなければいけないということです。

顧客の提示を鵜呑みにして、その金額をただ会社に報告してくるだけの営業社員では、売価を引き上げて粗利を改善することなど実現できません。

メソッド7：熟慮タイムを取らせて、相手によって差をつける

顧客の状況に応じて、値上げ幅を変えることはあり得ます。顧客ごとに、自社との関係の濃さも違えば、顧客の業績や財務の余力も違うからです。値上げ幅の提示は一律でも、交渉の結果として、相手によって値上げ幅に差が出てもいいということです。最低5％～最高30％の間で値上げ幅を決め、営業社員の裁量に任せるのがベターです。その際に必ず、営業社員に「熟慮タイム」を設けさせることが必要です。

営業担当の社員がこれまでの計算方法で、100万円の見積もりを作ったとします。そこで、では5%乗せようと安易に決めさせてしまうのでなく、最低でも10分は「熟慮タイム」を与え、この顧客ならどれだけの値上げをすべきかをじっくりと検討させるのです。

この顧客は、ほかのビジネスでいろいろと無理を聞いてくれているので、今回は20%の値上げを提示して、それが無理でも10%値上げの着地でも十分、競合が◯◯万円で出してくるだろうからこちらは◯万円までなら値上げできるといったことを営業社員に考えさせるのです。経営者としてはこのように、社員に考える習慣をつけさせることが非常に大切なのです。

メソッド8：強い覚悟をもたせ過ぎない

見込み案件の受注も値上げも、いずれも経営にとって重要です。しかし、交渉ごとは相手の都合もあり、実際はすべての見込み案件が受注でき、すべての案件で値上げができるというわけにはいかない場合もあります。そのため営業社員に過度なプレッシャーをかけ過ぎるのは、離反を招く恐れがあります。

あくまで、全社のトータルで粗利目標額が達成できればよいのです。しっかりと熟慮をして交渉もしたけれども、結果として値上げできなかった案件が全体のなかで数件～十数件あったとしても、大きな問題ではありません。

■原価引き下げメソッド

メソッド1：交渉をさせる

粗利額は、「売上－原価」で求められるものですから、原価の引き下げも粗利を増やします。粗利至上主義においては、売価の引き上げと並んで、原価の引き下げも同じくらいに重要です。建設業の場合、原価は、機械費や材料費、外注費などになります。発注するのは、大手なら調達部門になりますが、中小・中堅会社では普通、調達専門の部門などはないケースも多いので、現場監督が発注担当者になります。

現場担当者も、指示をしなければ発注先に対する価格交渉をあまりしたがりません。

そこはある意味、営業担当者以上です。なぜなら、発注した外注業者と工事の完成までずっと現場で顔を合わせ、付き合っていかなければいけないからです。現在は現場の職人が不足していますし、輸入資材は値上がりしています。こうしたなかで値下げを求めるのは、発注する立場とはいえ、ここにもまた違った強いメンタルブロックがかかることが想像できます。

だからこそ、経営者や上長がしっかりと指示を出し、業務命令として、値下げ交渉をさせる必要があるのです。

メソッド2：必要な利益から、原価目標を設定する

原価算定の方法として、粗利から考えることがスタートです。全体の粗利目標額から、その現場の粗利目標額を求めます。受注額は決まっているので、そこから必要な粗利額を単純に引いて、原価目標を決めるのです。さらにそれを、機械費、自社労務費、材料費、外注費などにかかると見込まれる割合に按分して細目ごとの原価目標を出し、それを上回っている調達先があれば、上回る分を目安に値下げ交渉をします。また、単純な按分が難しければ、現場担当者の感覚のなかで、必要な原価圧縮の金額を工種ごとに割り振ってもらいます。つまり、その現場トータルで必要な粗利益、目標とする粗利益を目指してさえくれればそれでいいのです。

メソッド3：具体的な値下げ額を提示し、回答期日を設定する

値下げ交渉で大切なのは、具体的に「いくら下げてほしい」とはっきり伝えることです。その際に心理的に伝えやすく相手も受け入れやすいのは、「端数を丸める」というやり方です。126万円だったら、6万円は引き下げて120万円にならないかといった交渉です。その程度であれば、そもそも相手も想定しているはずなので、仕入れの交渉において端数切りの要望を言わないということはあってはなりません。こちらから値下げ額を提示して値下げを要求すると、端数切りなどの場合はおおむね、先方は即答して了承してくれるはずです。即答が難しい場合でも期日をしっかりと設けて、社内で検討したうえでの回答を待てばいいだけです。よほどのシビアな案件でない限りおおむね通るはずです。

メソッド4：値下げを求める根拠を、現場担当者に与える

売価引き上げの部分と同じです。なぜ値下げを求めるのかという理由を経営者や幹部社員、または営業社員が考え、現場担当者に伝えておくことがポイントです。会社の利益が出ないからといった自社の都合と思われるような理由だけで説明するのはＮＧです。

顧客（施主）の要望による設計で使用する資材量が増えている、顧客（施主）の希望金額が通常より厳しいなど、自社の都合だと思われない理由を挙げることが好ましいです。仕入先にも社内事情があると思います。その担当者などが社内で説明しやすいように、しっかりと理由を述べておく必要があるのです。

メソッド5：相見積もりを取る

いつも頼んでいるところに今回もお願いするからといって、相見積もりを取らない現場担当者は少なくありません。相見積もりは必ず取らせるようにします。ただ、相見積もり

で天秤にかけ過ぎない、相手に無理な要求をし過ぎないことは、注意してください。付き合いの長い外注業者なら、こちらが困っているときに無理を聞いてくれることもありますが、わずかな見積金額の差で外注先を乗り換えるといったことをしていると、関係性が崩れてしまいます。

メソッド6：値下げ後は慎重に品質管理をする

調達先が値下げに応じてくれたあと、提供する資材、機器、あるいは労務の質が落ちてしまうことが、まれにあります。もし、それによって事故が生じたり、建築物に瑕疵《かし》が生じたりすれば、値下げによって得られたメリットをはるかに上回る損失を受けてしまいます。

そうならないためには、低価格ばかりにこだわり過ぎないことです。必要不可欠な品質を満たせる範囲内での原価引き下げを要求するバランスを考慮することも大切です。

原価値下げの受諾後、あるいは従来よりも低価格で請け負う業者に依頼したあとなどは、入念に品質管理や業務管理を行うよう注意が必要です。

■その他の粗利増大メソッド

メソッド１：粗利額、粗利率の組み合わせにより取引先を選別する

売価引き上げ、原価引き下げ以外で、粗利額増大に役立つメソッドがあります。

粗利額と粗利率は案件ごとに異なり、どの案件がいくらの粗利額、粗利率だったのかは、「受注現場一覧表」の右側（最終〈経過〉金額ブロック）を見れば一目瞭然です。そこで、取引先ごとに過去に受注した案件の粗利額と粗利率を集計して粗利額の高い順、また粗利率の高い順位に並べ、４つのパターンに分類します。分類は、相対的な基準で大丈夫です。

①粗利額が高く、粗利率も高い
②粗利額が高く、粗利率は低い

③粗利額が低く、粗利率は高い
④粗利額が低く、粗利率も低い

①に該当する取引先は、超VIPであり大切にしなければいけません。
②のように粗利率の低い取引先には、重点的に売価引き上げ交渉を実施する必要があります。売価が上がれば粗利率は上がります。値上げ交渉をしたことによって受注が減り、結果的に②に関わる粗利額が減ったとしてもそれはやむを得ず、粗利率の低い案件が減らせてよかったくらいに考えます。③の取引先には、積極的に営業をかけて案件獲得を狙っていきます。
④のような取引先は、20～30％など大きな幅の値上げ交渉をして粗利額を大幅に引き上げてもらいます。それが受け入れられないのなら、取引をやめても構いません。
効率的に粗利を増やすためには、取引先の選別も必要だということです。

メソッド2：粗利額、粗利率の組み合わせにより業務種別の選択と集中を図る

通常、建設会社は建築工事、土木工事や地盤調査、大規模商業ビル建築とマンション建築、個人の木造住宅建築、リフォーム工事など、さまざまな種類の案件を扱っています。メソッド1と同様の方法で、案件の種別ごとに粗利額と粗利率を集計し、同様に①～④に区分して、粗利率の高い案件を増やせるように営業体制を整備していくのです。

法人相手と個人相手では、営業の方法やノウハウも異なります。一朝一夕にはできませんが、時間をかけても高粗利体質に変えていくことが大切です。

メソッド3：基本を徹底するだけでも付加価値は向上する

売価を上げるには、提供するサービス自体の付加価値を高める方法があります。営業社員だけでなく、会社全体においてさまざまな部分における競合他社よりも良い点などを自社で把握・整理し〝顧客が感じられる〟サービスそのものをさらに強めて提供することで

す。顧客が「この会社の対応はいい」「営業社員の感じがいい」などと思ってもらえれば、売価の引き上げもかなり通りやすく、また、大きな引き上げなども実現しやすくなります。

ポイントは、〝顧客が感じられる〟というところです。販売側が、機能や品質が上がったとか、他社よりも優れているといっても、顧客がそれを感じられないのであれば、売価の引き上げに結びつけることは難しくなります。

建設業の場合、提供する建物自体の品質は法令等によって一定の基準が定められ、設計段階でほぼ仕様は固まっています。同じ金額で、建物の階数を増やすことはできません。独創的な意匠設計や画期的な工法、あるいはテレビＣＭによるブランドイメージ向上などによって、顧客が感じる満足度を上げる方法はあります。しかし、一般的な中小・中堅の建設会社が実施するにはハードルが高くなります。

そんなことをしなくても、顧客が感じる付加価値を高める方法はあります。それは、「仕事としての基本を徹底すること」です。顧客や調達先への報・連・相を怠らない、相手を待たせないよう、常にスピーディなレスポンスをする、明るく元気な態度で接する、などです。特に、対応のスピードは、大きなアドバンテージになります。

顧客が何か問い合わせをしたり、書類の提出を求めたりしたときに、翌日には必ず回答や提出がある会社と、3日も4日も待たされる、催促しなければ回答しないような会社であれば、絶対に前者を選びたくなります。価格引き上げを求めるにしても、前者のような会社が求めるのと、後者のような会社が求めるのとでは、受ける印象がまったく違ってきます。

どれも入社1年目の新入社員が教えられるような内容ですが、これを全社員が徹底できている会社などめったにありません。こうしたことを全社で徹底するだけでも、顧客や調達先から、あの会社は他社とは違うと感じてもらうことができます。しかも、費用は1円もかかりません。ぜひまずは経営者や経営幹部の方が率先して実行し、全社に浸透させるように心掛けてみてください。

［第4章］

コロナ禍、材料の高騰、人材不足……逆境をものともせずに業績を改善させた5つのケーススタディ

会社が苦況に陥る理由には、さまざまなものがあります。しかしほとんどの場合、余計なことを考えずに、粗利の改善だけに注力してやるべきことを実行する粗利至上主義によって、復活を果たすことが可能です。

ここで私が取り上げるのは実際にコンサルティングをした5社で、粗利至上主義の導入によるV字回復を遂げた事例です。いずれも、1～2年で大きな成果が出ています。こんなに簡単にうまくいくのかと思う読者もきっといると思います。秘密保持の関係から企業が特定されないように企業の状況などは少し変え、企業名、人物名などは仮称にしていますが、これらの事例はすべて事実です。

なお、各社の業績推移の数字については粗利額と純利益額のみを掲載しています。

［ケース1］コロナ禍で仕事が激減！
売上が下がるも黒字を確保し続けた工務店

●基本データ（相談当時）

業種：建設業
事業内容：新築住宅、リフォーム業
本社：富山県
拠点：本社
売上規模：約2億円
社員数：6名
コンサルティング期間：2021年6月～2023年5月

●改善前の状況および背景

富山県の中心部にあるヤマダ工務店（仮称）は、新築住宅とリフォームを手掛けている

【図表 14】 ヤマダ工務店 過去３年の業績推移

年度	粗利	純利益（税引き前）
2020 年度 （コンサルティング開始前）	3,600 万円	▲ 500 万円
2021 年度 （コンサルティング１年目）	4,700 万円	600 万円
2022 年度 （コンサルティング２年目）	5,300 万円	1,200 万円

地域密着型の工務店です。現社長の山田氏（仮名）が創業して35年になり、現在の売上高は2億円、社員数は6名と、規模はそれほど大きくありませんが、実直な仕事ぶりは地元での評価が高く毎年比較的安定した受注を続けてきました。

また、近年の決算状況は、多少の黒字になる年もあれば赤字になる年もあり、平均すると若干の黒字が確保できている程度でした。

ただし、金融機関から長期借入金に加え、工事費用の確保のための短期融資（いわゆる「つなぎ融資」）を受けることも多く、長短合わせた借入金は7000万円ほどに上っています。毎月の資金繰りは決して楽ではない状況でした。

山田社長が経営において感覚的にメドとしていた数字が、「年間売上2億円」でした。なんとなく「2億円くらいの売上さえあれば会社はなんとかなる」、そう思って山田社長はこれまでやってきたのです。

しかし、この数字に確たる根拠があるわけではありません。中小工務店によく見られるタイプですが、山田社長も決して数字に強い経営者ではありませんでした。

社員の工事責任者は実行予算書を作ってはいたものの、社長が受注してきた物件の採算はばらつきが多く、また、利益があまり見込めない物件も多くありました。しかし、これまではその点が顧みられることはなく、厳密な採算性は意識されていませんでした。なによりも工期をしっかり守り、品質を重視した施工を心掛けることが山田社長のポリシーでした。

そんななかで、2020年、コロナ禍が世界中を襲います。もちろん、富山県も例外ではなく、地元経済は突然停滞してしまいました。

建設業の場合、受注から納期までの時間が長いという特徴があります。コロナ禍になっても、すでに受注していた数件の物件は、基本的にそのまま工事が続けられました。そのため、1年近くは仕事そのものが途絶えることはありませんでした。一方、新規受注は徐々に減少していきます。1年が過ぎた頃には、仕事量はこれまでの半分以下になってしまいました。山田社長がメドとしていた売上高2億円の確保はとてもできない状況です。「こんな状況は経験がなかった。さすがに、このままではまずいぞ」と、35年、それなりに苦しい時期もありながら、なんとか乗り越えてきた山田社長にとっても、初めて体験する大きな危機でした。

顧問税理士に相談したところ、「建設業界に強い経営コンサルタントが地元の北陸にいる」と教えてもらい、わらにもすがる思いで、私のところに連絡してこられたようでした。当時はコロナ禍のピークで、私自身も遠方へはなかなか行けませんでしたが、地元の北陸だったこともあり、コンサルティングを引き受けさせていただきました。

●業況の把握

過去の決算書を確認したところ、ヤマダ工務店の年間の「一般管理費」は、だいたい4000万円でした。年間の売上高が約2億円ということから考えれば、粗利率20%＝粗利額4000万円を下回れば、営業利益は赤字となります。つまり、粗利率20%がヤマダ工務店の「損益分岐点」ということになります。

ヤマダ工務店の受注物件の、物件ごとの粗利率を確認すると、高いものでは30％程度の高利益案件もありましたが、低いものは10％以下、なかには赤字案件もありました。平均すると15％程度です。

同社では物件ごとの利益率目標も設定されていませんでしたが、ヤマダ社長は感覚的に15〜20％程度になればよいと思われていたようです。これも、先の売上高2億円という数字と同様に、特に根拠などはありませんでした。

営業担当者は一応いましたが、ほとんどの物件は社長が受注してくるため、社長の感覚のみでの受注になってしまっていたようです。

見積もりを作成する積算担当者が、社長に原価を伝えても、社長が自分の人脈で仕事を取ってきているため、原価が意識されることはほとんどありませんでした。「受注してしまえば、あとは工事のなかでなんとかなるだろうと考えていた」。後日、社長はそのように語っていました。その結果、純利益が赤字となり、資金繰りに窮するようになってしまったのですが、こういう感覚の社長は珍しくありません。

一方で、会社の借入金約7000万円については、毎年700万円を返済しなければいけません。その支払利息は年間100万円でした。

●目標粗利額設定

状況が分かったので、目標粗利額を設定します。

まず損益計算書をさかのぼっていきます。融資返済のため、純利益は最低でも700万円必要です。それに金利支払い100万円を加えます。そして、一般管理費は4000万円のままだとすると、4800万円の粗利額が必要です。ただし、これだと会社に残るキャッシュはまったく増えないので、その分を加えたキリのいい金額として、年間5000万円を「目標粗利額」として設定しました。

以前は、約2億円の売上があったので、粗利率を25%にできれば、5000万円の粗利額が確保できます。しかし、先に述べたようにコロナ禍で受注量が減少していました。そこで、個別の案件については、新築住宅工事については30%、比較的利幅を乗せやすいリフォーム工事類は40％を、目標粗利率として設定することにしました。案件ごとに見れば、粗利率には当然ばらつきがあるので、目標は多少高めに設定しておくことで、年間目標粗利額5000万円を達成できると見込んだのです。

●改善施策の実施

同社においてとった主な改善施策は、次の3点です。

①目標粗利率（新築30％、リフォーム40％）の設定
②実行予算管理（仕入交渉）を必ず行うことの決定
③毎月全社ミーティングを実施し、利益進捗や取り組み実施を確認

①目標粗利率（新築30％、リフォーム40％）の設定

新たな目標粗利率は、以前のそれと比べると約2倍になります。この数字を最初に見たときは、山田社長だけでなく、もう1人の営業担当社員や工事部の社員たちも驚き、無謀

ではないかとかなり不安な様子でした。

しかし、現に受注量も減っているなかで会社を立て直すには、その数字を目指していく以外に道はないことを丁寧に解説し、とにかくその数字を軸に、価格を引き上げた見積もりを作り、誠心誠意、顧客に説明する取り組みを開始することとしました。

あわせて、これまでの業務で改善できる部分があれば、その改善にも取り組むこととします。例えば、顧客からの見積もり依頼があったとき、今までは1週間くらいで出していたものを、翌日には必ず出すようにする、電話問い合わせにはその日のうちに折り返す、といった業務スピードアップはその一つです。

また、提出する見積もりについても顧客に疑問が生じないように、これまで「○○費一式」などとしていたものを、きちんと細目別に分かりやすく記載するとともに、顧客から疑問があったときは納得してもらえるまで丁寧に説明するといったことを心掛けるようにします。

②実行予算管理（仕入交渉）を必ず行うことの決定

次に着手したのは、実行予算書の管理です。これまでも実行予算書は作成していたものの、形だけのものであり、詳細な内容もよく分からないようなものでした。そこでまず、原価と内容を細かく区分した見積額が分かる実行予算書を作成することに取り組みました。

さらに受注後には、この実行予算計画書を基に、原価項目ごとに取引業者と交渉をして、少しでも原価を下げてもらうお願いを必ず実行することにしました。

追加工事が発生した場合、その都度顧客に見積もりを提出することもルール化しました。以前は追加工事分の費用を竣工時に一括して見積もりしていたのです。その際、顧客から「思っていたより高い」「聞いていない」といったことを言われて、結局値下げしたり、場合によっては、追加分の請求がいっさいできなくなったりするなどのトラブルが絶えませんでした。これも粗利率を引き下げる要因になります。

そこで、追加工事が発生すると分かった時点で、必ず見積もりを提出して顧客に了解をもらい注文書にサインしてもらうことをルール化したのです。これにより、追加工事のトラブルはいっさいなくなり、粗利率を引き上げることにも成功しました。ちなみに追加工事の目標粗利率は、40％に設定しています。

③毎月全社ミーティングを実施し、利益進捗や取り組み実施を確認

毎月1回、社内で利益進捗確認ミーティングも実施することにしました。月ごとの、年間粗利益目標に対する進捗状況を、社員全員で共有することにしたのです。

これは、「受注予定表」「受注現場一覧表」を活用して行います。ミーティング内容は、今の粗利益数字の報告と、あとどれだけ粗利益が加われば黒字になるかといったもので、山田社長を中心に、全員で数字を確認することで、目標が可視化され、モチベーションアップにつながります。

また、業務改善への取り組みや、取引業者との価格交渉、追加工事見積もりの提出などがしっかりと実行されているかも、このミーティングの場で毎回確認し、社長がその徹底を促して意識付けします。

同社のような、社員10名以下の小さな会社の場合、普段から全員の顔が見える職場であるため、正式な会議の場を設けないことが多いのですが、会社の公式な会議を定期的に開催することは、非常に重要です。

●改善結果、および総括

ヤマダ工務店は3月決算です。私がコンサルティングに入ったのは、2021年6月からでしたので、その年度もすでに3カ月が過ぎていました。それでも、残り9カ月の改善施策実施により、2021年3月期の年間粗利額は4700万円で、700万円もの営業利益を残せました。支払利息100万円を引いた後の純利益（税引き前）でも、600万円の利益です。同社にとって、久しぶりとなる大きな黒字額を計上できました。

翌2022年3月期には、売上高は1億7000万円であったにもかかわらず、年間の粗利額は、目標数字を超えた5300万円で粗利率31％になりました。営業利益は1300万円、純利益（税引き前）は1200万円で、銀行への融資返済700万円を支払ってもまだある程度のキャッシュが残るレベルです。資金繰りにも余裕が生まれてきたため、工事見合いなどの短期融資を受ける必要もなくなりました。今後もこの水準の粗利を維持できれば、運転資金の長期融資も着実に減らしながら、内部留保としてキャッシュを残していけるはずです。

ヤマダ工務店は、売上を減らしながら粗利率を大きく引き上げることに成功しましたが、その理由は、顧客へ提出する見積価格を上げただけではなく、顧客対応の改善を徹底したことでした。

実際、提出価格を上げて粗利率が大幅に向上したにもかかわらず、顧客からの評価もこれまで以上に高くなっているのです。同社が住宅引き渡しやリフォーム工事完了後にとっているアンケートでも、見積もりの提出タイミングが早かったことや、その説明の仕方に透明性が高かったことで、信頼できたといった評価内容が非常に多く見受けられました。

ヤマダ工務店の経営改善は、自社の経営が安定し顧客も満足するという、理想の着地となりました。

［ケース2］ピンチをチャンスに！
材料高にもかかわらず過去最大の利益を上げた住宅会社

●基本データ（相談当時）

業種：建設業
事業内容：新築住宅
本社：長野県
拠点：本社
売上規模：約5億円（当時）
社員数：8名
コンサルティング期間：2021年3月～2023年2月

●改善前の状況および背景

佐々木ホーム（仮称）は新築住宅専門の会社です。本社は長野県で、社員数は8名で

【図表 15】 佐々木ホーム　過去３年の業績推移

年度	粗利	純利益（税引き前）
2020 年度（コンサルティング開始前）	6,000 万円	▲ 1,400 万円
2021 年度（コンサルティング１年目）	9,400 万円	2,000 万円
2022 年度（コンサルティング２年目）	1 億 1,600 万円	4,200 万円

す。社長の佐々木氏（仮名）は、比較的成長志向が強く、当時の売上高は約5億円でしたが、一時期は隣県にも進出して、売上高だけでなく着工数を大きく増やしていた時期もありました。

仕事は紹介物件が多数あり、受注量にはそこまで困っていませんでした。しかし、かつて隣県に進出していた時代には、営業所を開設（その後撤退）するなどして支出がかさみ、銀行からの借入金が増え、相談時点では、年間売上高5億円に対して、借入金が2億円と、年商の4割程度まで増えつつあり、決して楽ではない経営状態が続いていました。

一般的に、中小建設会社の借入残高は月商の1・6カ月分程度が平均といわれているのに対して、同社のそれは月商の約4・8カ月分なので苦しい状況です。

それでも、受注量は取れていたため、自転車操業状態ながらなんとか会社を回していくことはできました。

その佐々木ホームに激震をもたらしたのが、コロナ禍による輸入品の不足を契機として木材価格が急上昇した、いわゆる「ウッドショック」です。

住宅に使われる木材の価格は、2020年後半から2021年後半にかけて、わずか1年ほどの間に約3倍にまで膨れ上がり、さらに供給不足から納入のメドすら立たない状況も見られました（林野庁「令和3年〔2021〕年の木材不足・価格高騰〔いわゆるウッドショック〕への対応」）。


木材の卸業者から見積もりをもらっても、見積もりの有効期限はたった1週間で、その金額すらも1週間後にはまた変わるといった状況が続いていました。

2000万円で見積もりを提出していた住宅で、原価のうち木材部分が占める金額が200万円だったとすれば、それが600万円にもなったということです。木材価格の上昇分だけで単純に400万円の原価のプラスですが、ある程度は価格転嫁をするにしても、先が読めない状況が続いていました。

同社の利益率はもともと高くはありませんでした。それにもかかわらず、佐々木社長は、紹介中心で増えてきた顧客に過度の負担はかけられないと、木材価格上昇分をできる限り自社で吸収しようとしていました。仕入価格交渉や経費削減なども努力してはいましたが、各物件の粗利率は大幅に低下していき、資金繰りがいっそう厳しくなってきました。「このままでは倒産もあり得る」と佐々木社長が感じていた頃、たまたま書店で目にした著書で私のことを知り、「うちが助かる道はこれだ！」と感じて連絡をくださったのです。

●業況の把握

初めて佐々木社長と面談した際、「これまで、どのような方針や目標で経営をされてきましたか」とうかがいました。売上を増やすこと、そのために、受注を逃さないことだけを意識して、それ以外には、特に方針も目標もなかったということでした。

顧客への提出金額についても、競合がいるため「できる限り安く出すこと」だけを心掛けていたようです。安い見積もりを出さなければ受注できず、売上が減って困る、という思い込みがあまりにも強かったのです。

そこで、コンサルティングにあたっては、まず、そのメンタルブロックを外してもらうように話をしました。

買う側からすれば、確かに安いほうがいいに決まっています。しかしそこには「ほかの条件がすべて同じだとするなら」という但し書きがつきます。

実際には、会社によって条件は異なるので、顧客も全員、金額水準だけを基準として施工会社を選んでいるわけでは、決してありません。

まず、見積金額の具体的な内容にしっかりとした裏付けや妥当性、透明性があることが大切です。それ以上に、その会社や営業担当者が、常に誠実できちんとした対応をしてくれたら、提出した価格の多少の差については、顧客は許容してくれるものです。

私の見聞の範囲でも、最初は安い見積金額で受注しておきながら、追加工事等で金額を跳ね上げて、最後に顧客とのトラブルに発展してしまう会社はたくさんあります。低価格で受注することばかりを考えていると、そういった会社のようになりかねないので、必ず避けなければいけないと、説いていきました。

決算書を見せてもらい直近の財務状況を確認します。

直近の同社の年間売上高は約5億円、粗利は6000万円（粗利率12%）、一般管理費は7000万円ほどで、約1000万円の営業損失（赤字）となっていました。

さらに、借入金は長期、短期を合わせて約2億円もあり、支払金利は約400万円でした。

本来、元本は年間2000万円程度の返済が必要ですが、当然返済できる状況ではないため、銀行との話し合いのうえで条件変更、いわゆるリスケジューリング（リスケ）をしてもらい元本返済は止めていました。しかし、リスケをしても利息は支払わなければいけません。

営業赤字1000万円に400万円の利息支払い（営業外費用）を足して、税引き前で1400万円の純損失、つまり最終赤字です。

●目標粗利額設定

次は目標粗利額を設定していきます。

借入金の返済は、リスケしてもらっていますが、これはあくまで緊急対応策であり早期に元本返済を再開して、正常な姿に戻さなければいけません。そこで、元本2000万円の返済と400万円の利息支払いを合わせて、最低でも年間で2400万円の純利益が必要です。

そこに一般管理費の7000万円を足すと9400万円、キリがいいところで、同社の年間の目標粗利額は1億円に設定することにしました。

当時の売上高5億円に対して、粗利益1億円なら粗利率は20%です。これは中小の建設業では標準的な数字であり、驚くような水準ではありません。とはいえ、それ以前の同社の粗利率は10%程度であったため、そこから見れば、相当に改善が必要です。

そこで、今後はすべての物件について、粗利率20%以上を確保することを社内ルールとして定めることにしました。

●改善施策の実施

同社においてとった施策は、主に以下の3点です。

①全物件における粗利率20％以上の確保を目指し、提出価格を引き上げる
②超スピード対応。顧客に不安を抱かせないことを徹底
③値上げに対する顧客への説明理由を社内で共有化

①全物件における粗利率20％以上の確保を目指し、提出価格を引き上げる

粗利を増やす方法には、売価の引き上げと原価の引き下げがあります。しかし、1年で木材価格が3倍にも上がるようなウッドショックの状況下で、木材価格の引き下げ交渉は不可能でした。

また、木材ほどではありませんが、原価の上昇はほかの原価費目にも当てはまりました。特にロシアのウクライナ侵攻後は、急速に物価上昇が進み、金物類や設備機器、さらには労務単価なども含めて軒並み金額が上昇しています。

それを反映させながら、さらに20％の粗利率を確保するためには、大幅に見積もり提出価格を上げるしかありません。よく「原価の上昇分を価格に転嫁する」といいますが、粗利額を増やすためには、原価上昇額分以上の転嫁が必要なのです。

佐々木ホームでは、物件によって、また顧客によっても異なりますが、おおむね30％の提出価格上昇を目標としました。

②超スピード対応。顧客に不安を抱かせないことを徹底

ただ価格を上げるということだけではなくて、顧客満足度を引き上げる施策もあわせて実施します。

それは、報告、連絡も含めて、常に「超スピード対応」で、かつ確実な対応を徹底して行うことです。

顧客がもつ不満の大部分は、実は高い金額そのものや、施工不良などではなく、対応の不備による「不安」が始まりとなって起こるのです。例えば、連絡が遅い、質問への返答がなかなか返ってこない、言っていることとやっていることが違う、言っていることがコ

ロコロ変わるなど、そのほとんどが「対応のやり取り」のなかで起こっていることです。逆にいえば、価格が高くても、極端にいえばもし施工不良があったとしても、不安を感じさせない対応をすれば、顧客は不満をもちません。そこで、顧客にその不安を決して起こさせないような対応を取ることを社内で徹底的に指導しました。

③値上げに対する顧客への説明理由を社内で共有化

値上げ（価格転嫁）の理由や背景などの、顧客へ説明する内容、またその説明の仕方を社内で共有し、しっかり説明できるように研修をしました。それは「木材を中心とした資材価格がこれだけ上がっているので」とか、「職人などがこれだけ減っていて、人手不足で労務費がこれだけ上昇している」などの数字の根拠を示した説明です。

そうしてから、佐々木社長と営業員は全員で、顧客に金額が高くなる旨とその理由を丁寧に説明しながら、これまでよりも30％程度も高くなった見積もりを提出し続けたのです。

●改善結果、および総括

経営改善後の1年目の決算ですぐに、粗利額9400万円（粗利率約19％）、純利益（税引き前）2000万円となり、前年の赤字から黒字に転換するという効果が表れました。さらに、2年目は、粗利額1億1600万円（粗利率約23％）、純利益4200万円と純利益が倍増しています。この年からは、リスケを解除して借入元本返済も開始しました。

そうしたなかで、いちばん大変だったのは、社員の意識と行動を変えさせることでした。

粗利を意識して価格引き上げ交渉に臨むことや、常に超スピードかつ確実な顧客対応を求められたりすることに対して、以前ののんびりした勤務の時代が忘れられずに、対応できなかったり、反発心をもったりする社員がどうしても出てきます。

そういう社員にも私や佐々木社長が、その必要性を繰り返し説いていくのですが、それでも対応しない社員もいます。そういう社員には、辞めてもらったほうがいいのですが、もちろん今の時代、簡単に解雇することなどできません。

しかし、社長をはじめ、大半の社員が、自分たちが変わることで会社を変えようとしていれば、それについていけない社員は居心地が悪くなり、いずれ自ら去っていくものです。

佐々木ホームでも、そうやって去っていった社員がいました。佐々木社長としては心苦しい気持ちもあったようですが、会社が生まれ変わるには仕方のないことでした。経営改善遂行において、そういった人事上の苦労はあった反面、顧客対応のほうはかなりスムーズに進みました。

そもそも、同社が危機に陥ったのは、コロナ禍に加えてロシアのウクライナ侵攻などの影響による、木材をはじめとした原価の上昇です。しかし、そのピンチが、逆に同社にチャンスをもたらすものとなったのです。

住宅業界だけでなく、あらゆる業界で資材単価がアップしている状況がニュースなどで報道され続けたり、実際に電気代やガソリン代、食品などが値上げを続けたりしていることを、顧客自体も肌で感じるようになっていたからです。

「今は物価上昇の時代だから、価格が上がるのは仕方ない」。そういう認識が人々の間で広まっていたことから、佐々木ホームが大幅値上げを提示しても、「今はこれくらいの金額になるんですね」と言われるだけで、「こんなに値上げするのはおかしい、納得できない」といったことを言われることは、ほとんどありませんでした。

また、住宅業界そのものの需要が落ちていなかったという理由もあります。コロナ禍の時代に、「今はちょっと待とう」と抑制され続けていた反動があって、住宅の金額が高騰していても、住宅着工を希望する人が大きく減ることはありませんでした。

そのため、同社が出した見積もりを見て、じゃあ建てるのはやめようとか、他社に頼もう、といった話はほぼ出てこなかったのです。

ほとんどの顧客で、同社が出した見積金額はそのまま通り、受注することができました。物価上昇というピンチを逆手に取り、それを理由に粗利率改善に成功して、同社は一躍高利益体質へ生まれ変わったのでした。

［ケース3］人がいない！受注の選別により粗利が増え、人材不足を乗り越えた電気工事会社

●基本データ（相談当時）

業種：建設業
事業内容：電気工事事業
本社：東京都
拠点：本社
売上規模：約90億円（当時）
社員数：１００名
コンサルティング期間：２０２１年7月～２０２３年6月

●改善前の状況および背景

明治電設（仮称）は売上高約90億円と、中小企業というより、中堅規模の電気工事会社

【図表16】 明治電設　過去3年の業績推移

年度	粗利	純利益（税引き前）
2021年度 （コンサルティング開始前）	10億円	2億円
2022年度 （コンサルティング1年目）	14億円	6億円
2023年度 （コンサルティング2年目）	18億円	8億円

です。大手ゼネコンやデベロッパーを中心に、公共工事、民間工事両方において電気工事を請け負っています。

同社の田上社長（仮名）から相談を受けたとき、私はやや解せない気がしました。というのも、同社の業績や財務の状況は悪くなかったからです。売上高は100億円ほどで、過去に一度も赤字にはなっていません。金融機関からの借入金は多少ありましたが、経営を圧迫するような額ではまったくなく、決算書を見る限り財務内容は健全です。

しかし、田上社長には、2つの悩みがあったのです。

1点目は、人手不足です。

現在、建設業界の中でも、電気工事と設備工事の分野は特に市場の需給バランスが崩れており、圧倒的な仕事量があるのに対して、仕事を受けることができる会社が大幅に足りていません。また、建設業界全体で人手不足の状況にありますが、なかでも電気工事と設備工事の業種は、他業種以上に人手不足が深刻化しています。

そのため、明治電設でも、公共工事、民間工事を含め、大量に発注される工事を可能な限り受注をしていたのですが、人手がまったく足りていませんでした。すると、どうしても現場は忙しくなり、社員の一人ひとりにかかる負担が増えます。すると嫌気がさして離職する社員が出てきて、さらに人手不足になってしまいます。補充採用をしようにも、人手不足はどの電気工事会社も同じであるため、少ない人材を奪い合う状況が続いていて簡単ではありません。

田上社長を悩ませていたもう1つの点は、長年続いている同社の利益率の低さでした。直近の決算では、90億円の売上に対して、純利益（税引き前）は約2億円、実際にはここからさらに法人税等が引かれます。

常に忙しく、しかも利益率が低いとあって、社員も会社の未来に希望が感じられなくなります。すると、それが離職を引き起こし、ますます人手不足になるという悪循環に陥っていました。

この2点を解消するにはどうしたらいいだろうか。それが、田上社長の相談内容でした。私は、粗利経営によって利益基盤を安定化させることで田上社長の悩みは解消可能であると伝え、その実現のために同社のコンサルティングに入りました。

●業況の把握

決算書によると、同社の売上は約90億円、粗利額は約10億円で、粗利率は約11％です。一般管理費が8億円ほどですので、同社の営業利益は毎年平均して2億円近く出ています。

ただ電気工事業は、建設業界のなかにおいて粗利率平均が約30％と、最も高いといわれています。そこから見ると、同社の粗利率は低過ぎます。

田上社長は、長い間「売上高１００億円を目指してやってきた」といいます。典型的な売上至上主義の企業だったのです。

営業においては、売上高１００億円を目指した上積みが常に意識されていたため、どうしてもなるべく規模の大きい物件へと、会社全体の受注の方向性が向かっていたようでした。

しかし、建設業においては、受注規模が1億円以上を超える大規模な物件になると、一般的には粗利率は下がっていく傾向にあります。

同社は、売上高だけを重視した営業活動を続けてきた影響で、薄利の大型物件の受注が増えていました。大規模物件は人員も数多く取られます。その結果、会社の利益はなかなか上がらず、しかも慢性的な人手不足に悩まされるような状態になりました。

私はまず、同社の前年度、前々年度の「完成物件一覧表」を作成してもらい、詳細に採算をチェックしました。

大小合わせて年間で200件前後の受注物件がありましたが、そこから、赤字物件を含めた粗利率5％未満の低利益物件を除いて集計してみました。すると、粗利率は約30％にもなったのです。その売上高は約30億円と全社売上高の半分にもなりませんが、粗利額でいえば9億円と、それだけでも会社は営業黒字になる数字になります。

つまり、大型物件を中心とした赤字または低利益物件の売上高分である60億円の売上がなくても、会社は黒字になるのです。

もちろん、付き合いの長い顧客からの要望や、業界内での関係性などもあると思いますが、低利益の物件に多くの有望な人員を割いてしまっていることが、結果として退職を招いて人手不足になってしまうのでは、元も子もありません。

●目標粗利額設定

まず、低利益物件をなんとかしなければいけないことを、私は田上社長に理解してもらいました。以前の「売上高１００億円」という目標も忘れてもらい、売上はいっさい追わず、粗利額だけを目標にしてもらいます。

その年間の粗利額は、まず年間20億円に設定しました。これまでの2倍の数字です。

また、物件ごとの粗利率は、受注規模によって20～30％を下限、30～40％を目標として設定しました。電気工事業界においては、決して高過ぎる目標ではありません。

なお、社員には、年間目標粗利額20億円を達成したときには、大規模な臨時決算賞与を支給することも、社内で発表しました。

●改善施策の実施

明治電設において実施した主な施策は、次の3点です。

①受注物件を選別し、粗利率10％以下の薄利物件は受注しない
②受注の際は、必ず受注検討会で受注の可否を検討する
③毎月、利益進捗会議を開催し、利益の進捗を皆で共有する

①受注物件を選別し、粗利率10％以下の薄利物件は受注しない

同社においては、大型物件を除けば粗利率30％以上の物件はすでに多数受注していました。そのため、そこに対する意識的な投げかけはほとんど行う必要はありませんでした。

注力したのは、物件の選別と、薄利物件の取り扱いでした。

まず、粗利率10％以下の薄利物件は、一律で受注しないということを、ルール化しました。

社歴の長い同社の営業員にはベテランも多く、大手・準大手のゼネコンとの長い付き合

いや、デベロッパーとの関係性の中で、〝阿吽の呼吸〟で安い仕事をさせられてしまっている傾向が長くありました。これは利益が低いなと分かっていても、売上を上げたい気持ちに加えて、人間関係の面からも断れなかったということです。

しかし、同社が、粗利至上主義による経営改善をすると決めた以上、そういった事情はいっさい考慮しません。

私は、「人がいないので」を、決定的な営業での切り返しワードとすることに決めて、低利益の大型物件はいっさい受注しない、引き合いがあっても断る方針を、営業部に徹底してもらうことにしました。

②受注の際は、必ず受注検討会で受注の可否を検討する

受注物件の選別については、小さい規模の会社であれば、社長や役員が決めればいいのですが、明治電設のように社員数100名規模で、案件数も年間200件以上もあるような場合、「受注検討会」を開催して、そこで検討することを勧めています。

社長、役員、各部門長などの全員が集まり、一定規模の案件に関しては、見積もりや原価の概算、人員配置や人選は大丈夫か、顧客との付き合いなどを精査・検討して、受注をしたほうがいいのか見送ったほうがいいのかを決めるのです。

これにより、より妥当性のある受注選別が可能になります。

③毎月、利益進捗会議を開催し、利益の進捗を皆で共有する

同社では、既存の営業会議に利益進捗を確認する会議を追加しました。

利益進捗会議の内容はこれまでにも説明しているので割愛しますが、必ず月1回以上、定期的に開催することが重要です。

●改善結果、および総括

策定した方針どおり、利益率の低い大型案件に対して、営業員たちは、「人がいないから受けられません」と、丁寧に断り続けました。

すると、多くの顧客は「じゃあ、いくらならやってもらえるのですか」といって、交渉のテーブルに着いてくれました。中小・中堅顧客の場合は、粗利率30%程度を確保できる

値上げでも受け入れてくれることも、珍しくありませんでした。

また、大手ゼネコンの物件についてはそこまで一気の予算増額はなかなか認められませんでしたが、施工条件や場所、建物の内容等も含めて変更する検討を行ってもらえるようになり、粗利率20％程度は確保できるようになりました。

もちろん、なかには「それならおたくには頼まないよ」と言って、去っていく顧客も多少はありました。しかし、そういった会社は、業者を金額でしか見ていないため、トラブルとなることも多く、結果的に付き合いが途切れてよかったと感じられました。


このようにして、明治電設は、私のコンサルティングの業務経歴のなかでも、最も短期間で、かつ最大の利益が出せた会社となりました。

売上高こそ、70億円近くまで下がったものの、粗利額は当初の10億円から18億円に増え（粗利率約26％）ました。目標として設定した20億円は、1～2年後には達成できそうです。

また、一般管理費の上昇があったものの、それでも純利益（税引き前）も、2億円から8億円へと、4倍にも増え、創業以来の最高益を記録しました。もちろん、約束どおり社員には、かなり高額の決算賞与を支給することができました。

田上社長の悩みの一つであった低利益構造からは、脱却することができました。

一方、もう一つの悩みであった人手不足問題もかなり緩和されました。

低利益の大型物件を避け、売上を追わなくなった結果、受注高は2割以上減りましたが、その分、配置人員にゆとりができるようになりました。これまで少人数で詰めていた現場に若手社員を、余裕をもって配置することができ、ＯＪＴによる育成の時間も十分取れるようになりました。時間外労働も減っています。

決算賞与による還元や、待遇改善の効果から、以前は毎年4～5名はあった退職者が、この2年間はゼロになったのです。また、地元での社員紹介によるリファラル採用を中心とした新卒者採用活動においても、待遇がよく働きやすい会社という評価が定着しつつあり、応募人数も目に見えて増加していきました。

粗利至上主義に切り替えたことで売上高こそ減ったものの、利益は大幅に増え、社員の報酬も上がり、人手不足も解消され、社員教育も強化されるという、一石四鳥の効果が得られた大成功事例となりました。

[ケース4] 社員が言うことを聞かない!
事業承継した二代目が立て直した設備会社

●基本データ（相談当時）

業種：建設業
事業内容：設備工事業
本社：福岡県
拠点：本社
売上規模：約7億円
社員数：15名
コンサルティング期間：2021年3月～2023年2月

●改善前の状況および背景

福岡設備工業（仮称）は、福岡県にある小規模の設備会社です。

【図表 17】 福岡設備工業　過去 3 年の業績推移

年度	粗利	純利益（税引き前）
2020 年度（コンサルティング開始前）	6,000 万円	▲ 4,000 万円
2021 年度（コンサルティング 1 年目）	1 億 3,000 万円	3,000 万円
2022 年度（コンサルティング 2 年目）	1 億 4,000 万円	4,000 万円

創業者である高橋克彦氏（仮名）が、小さな配管工事業から始め、以後30年にわたって経営をしてきました。相談の時点から見て3年前に、克彦氏が65歳になったことを機に、代表取締役の座を息子の高橋誠氏（仮名）に譲り、自身は会長へと退いて、事業承継を実施しました。

ところが、その事業承継があまりうまくいかなかったのです。

誠氏は、地場の中堅ゼネコンで勤務していましたが、5年ほど前に、事業承継を見越して、同社に専務として入社しました。しかし、入社から社長就任までの期間が2年と短かったことから、古参社員などからは、あまり信頼を得られておらず、どこか少し浮いている様子がありました。

一方、克彦氏は社長時代、なんでも独断専行するワンマン経営者でした。小さな会社なので、社内には、なにをするにも常に克彦氏の顔色をうかがって、指示を仰ぐような空気が醸成されていました。その克彦氏が会長に退いたあとも毎日出社をして、社員に指示を出したりもしていたので、社員が誠氏と会長の板挟みになってしまうことも頻繁に見られました。これでは、業務にも悪い影響が出てしまいます。

そういった事情も要因となって誠社長になってから、同社の業績は悪化していきました。そうすると、ますます新社長の権威は落ち、社員は新社長を無視して会長に従うようになっていきました。

その会長のほうは、経営に責任を取らなくてもいい、いわば気楽な立場なので、好き勝手に自分のやりたい仕事を受注します。こうして、同社の業績は急速に悪化していき、誠氏が新社長に就任して、1年目こそ黒字を残せましたが、その後の2年連続で赤字を計上してしまったのです。

さすがにこのままではまずいと感じた誠氏から、なんとかしてほしいと相談を受けました。

●業況の把握

業歴の長い同社の業績は、山あり谷ありでした。２０００年代初頭には売上が伸びて大きな利益を出した時期もありましたが、リーマンショック後は徐々に売上が下がりました。それでも、長い間毎年数百万円の純利益は残していました。

ところが、相談時から2年前までは、連続で赤字決算でした。同社の年間の売上高は約7億円、一般管理費は約1億円です。それに対して、直前期の赤字額は４０００万円にも上り、会社の先行きに暗雲が垂れ込めてきました。ただ、幸いなことにほぼ無借金だったので、すぐに資金繰りに窮する状況ではありません。赤字になった原因さえ取り除けば、経営を立て直す余地は十分にあると思われました。

最初にやるべきことは、以下の2点について理由を突き止めることです。

・どうして急に赤字が続くようになったのか
・前期の赤字は、どうして４０００万円もの巨額になったのか誠氏によく話を聞いてみると、原因の一つは、先に記したような社内の指揮系統の混乱により業務遂行に支障が生じているという部分がありました。しかしそれは、どちらかといえば間接的な理由です。

もう一つ、より直接的な理由は、克彦氏が受注してくる赤字物件の存在でした。克彦氏が社長時代にも、低採算の受注はあったそうです。しかし、やはり社長としての責任もあることから、年間のトータルで見れば最低限のバランスが取れた受注となっており、決算において大きな損失を出すことはありませんでした。

しかし克彦氏が会長になって以降は、たがが外れたようになり、むちゃな物件を自分の判断だけで受注することが増えたそうです。そして、その受注物件が軒並み大きな赤字を生んでいたのです。

前年には、売上高1億7000万円で赤字額が6000万円というとんでもない巨額赤字物件までありました。

事業承継の経験がない方には理解しにくいと思いますが、事業承継を経て、いわば〝院政〟を敷いた先代経営者が、このような暴走をしてしまうことは、実は決して珍しくないのです。私のコンサルティング経験のなかでも、福岡設備工業に近い状況の会社は何社もありました。

●目標粗利額設定

同社の目標設定そのものは、さほど難しくありませんでした。2年は赤字が続いたものの、幸いなことに長年黒字経営を続けてきたため、それなりに内部留保も厚く、借入金はあったもののごくわずかで、ほとんど無視していい金額でした。

そこで、純利益目標を決めるにあたっては「前社長時代を超えよう」ということを掲げました。前社長時代には、毎年数百万円の純利益を残していたので、まず翌年にはそれを超える1000万円、翌々期には2000万円の純利益を出そうということを、誠氏と話し合って決めました。

支払利息はほぼゼロなので、それに一般管理費の1億円を足して、1年目は1億1000万円、2年目は1億2000万円を年間の粗利額目標として設定しました。

●改善施策の実施

同社について私のとった主な施策は、以下の3点です。

①いかなる理由があっても、粗利率10％以下の物件は受注しない
②受注の判断は、現社長が最終決定する
③年間目標粗利益1億2000万円の達成を目指す

①いかなる理由があっても、粗利率10％以下の物件は受注しない

決算書の数字を見ただけでは、業績悪化の原因は特定できません。そこで私がコンサルティングをする際に必ず行うのが、「顧客別の年間の採算」の比較です。

ほとんどの会社は、「常に低採算の顧客」を一定数抱えています。粗利額と粗利率によって、その特定顧客を突き止め、その特定顧客に対する対応策を講じるのが、最も簡単かつ最速で業績が回復する道筋となります。

そうして分析すると、福岡設備工業の場合は、特定顧客というよりも、むしろ公共工事

での受注物件選定方法が問題となっていることが分かりました。

建設業界では一般的に、自社の近隣エリアで発注される公共工事については、絶対に受注しようという強い意識が働きます。

自社の近隣での工事であれば、採算性や現場の難易度を度外視して「意地でも受注する」、むしろ「受注しないことは恥だ」とまで感じる雰囲気があるのです。建設会社の看板を掲げている会社の目の前で、別の建設会社に工事をされるのはプライドが許さない、そう感じてしまう気持ちも、分からないでもありません。しかし、それによって、赤字が積み重なるとなれば話は別です。

同社の場合、克彦氏が会長になって以降、そういう不採算物件が顕著に増えていたのです。その最たる例が、前年度に売上高1億7000万円、赤字額が6000万円となった、巨額赤字物件でした。

そこで、まず、社員に対しては、いかなる理由があっても、粗利率10%以下の物件は受注しないというルールを定めて、徹底させることにしました。いかなる理由があっても、というのは、もちろん自社の近隣であってもということを含みます。

②受注の判断は、現社長が最終決定する

福岡設備工業においては、事業承継後も会長が受注判断をして、会長と社長が別々に決裁を行っていたことが問題でした。そこで、受注の最終決定は社長の判断に一本化することとしました。

その施策を実施するためには、会長に納得してもらう必要があります。

私は長い時間をかけて克彦会長と話をしました。すると、克彦会長が、たがが外れたように赤字物件を受注してしまった背景には、建設業界人としてのプライドや、社員に対するふがいなさを感じていたことなどもありましたが、それ以上に息子である後継社長を心配する親心や愛情があったということが、強く感じられたのです。

そこで私は、自分自身が感じていた誠氏の印象を率直に克彦氏に伝えました。

それは、誠氏は、人間性も先見性もあり、非常に優秀な方だということ、親子関係がぎくしゃくしているせいで少し意固地になっていた時期もあったようですが、長い間黒字経営を続けてきた克彦氏への尊敬の念と感謝は決して忘れていないこと、などです。そし

て、次のように加えました。

「会長、もう社長にすべて任せましょう。社長なら大丈夫ですよ。心配いりません」

そうした会話を重ねて、やがて克彦氏にも十分に納得していただいたうえで、改めて、社内向けの承継セレモニーを行いました。

社員全員を集めて、今後、会長は業務からは退くこと、受注の判断は現社長が最終決定すること、その他、業務判断の指示は社長に仰ぐようにすることなどを発表し、会長と社長に笑顔で握手をしてもらいました。

そのときの社員の安堵した表情は今でも忘れることができません。ここでようやく同社における事業承継が完了したのだと思います。

③年間目標粗利益1億2000万円の達成を目指す

この目標粗利に対する対応については、他社の事例と同様です。

●改善結果、および総括

同社の2年連続赤字の主要因は、承継プロセス失敗による親子関係のトラブルでした。問題が解消してからは、社内の雰囲気は一変し、業務もスムーズに流れるようになりました。

もちろん、ルールどおり、たとえ会社の目の前の工事でも、粗利率10％以下であれば受注しませんし、社員全員に粗利を意識する習慣が根づきました。

その結果、改善初年度で粗利益1億3000万円を達成し、純利益（税引き前）は3000万円に、2年目には粗利益が1億4000万円、純利益は4000万円になりました。

もともと、ほぼ無借金で財務状況は健全な会社だったので、現在では超健全経営の優良企業として、地元の業界でも知られる存在になっています。

［ケース5］　安い仕事が多過ぎる！
高単価集団への転換を実現させた地方の土木工事会社

●基本データ（相談当時）

業種：建設業
事業内容：土木工事業
本社：宮城県
拠点：本社
売上規模：約3億円
社員数：10名
コンサルティング期間：2021年8月〜2023年7月

●改善前の状況および背景

宮城県の内陸部に所在する渡辺土木（仮称）は、下請け工事を中心に請け負っている小

【図表18】 渡辺土木　過去3年の業績推移

年度	粗利	純利益（税引き前）
2020年度 （コンサルティング開始前）	3,000万円	▲2,200万円
2021年度 （コンサルティング1年目）	6,000万円	800万円
2022年度 （コンサルティング2年目）	6,700万円	1,500万円

さな土木会社です。社長の渡辺氏（仮名）は、40代前半で、さまざまな職を経験しながら資金をためて、10年ほど前に今の会社を設立しました。地元の工業高校出身で、若い頃はかなり〝やんちゃ〟だった時期もあったそうですが、人懐こく、人望が厚い親分肌の人物です。

同社は、元請けとなる地元の土木会社十数社から仕事を請け負っています。施工技術は比較的高く、人員もそろっています。渡辺社長の人脈で入社した社員たちは20代が中心と若く元気で、元請け会社からすれば非常にありがたい存在ともいえる会社です。実際、引き合いはほぼ途切れることがなく、受注量自体は足りているのです。

しかしそれにもかかわらず、同社の業績は低迷していました。直近では、2200万円もの純損失（赤字）を計上しています。

悩んだ渡辺社長は、私の書籍を読み、コンサルティングの依頼をしてこられました。その時点で、渡辺社長がもらっている役員報酬は年間240万円と生活するのにもぎりぎりの金額でした。しかも、金融機関からの借入金は長期、短期あわせて1億円以上になっており、リスケを受けて元本返済は止めていますが、利息は年間200万円ほど支払っています。

夜も眠れない日々が続いているという渡辺社長の表情は、疲れ切っていました。

●業況の把握

直近の決算では、同社の売上高は約3億円、粗利益は約3000万円でした。一方、一般管理費は5000万円で、2000万円の営業赤字、さらに2000万円の利息支払いがあるため、最終的には2200万円の純損失（赤字）です。

この決算ですぐに目に付くのは、平均10%という粗利率の低さです。一般的に土木業界の平均粗利率は20%程度といわれているので、同社の粗利率は業界平均の半分しかありません。同社の苦況の原因が、ここにあることは明らかです。

詳細な分析をするため、売上や粗利益を顧客別に集計してみました。私は、どこかに偏りがあり、利益を圧迫している顧客があるのではないかと予想していたのです。ところが意外なことに、顧客ごとの粗利益には大きな偏りは見られませんでした。つまり、どの顧客も均等に粗利益が低いという状況だったのです。

私は渡辺社長と何度も話し合いながら、なぜそんな状況になってしまったのかを考察していきました。

その結果、職人肌で人望がある渡辺社長を多くの顧客が頼りにしていること、渡辺社長は頼られるとむげに断ることができない性格であること、さらには苦労して起業したので、仕事を断ることにどこか怖さを感じていたこと、などの背景があることが分かりました。

そのため、いつの間にか顧客の要望どおりの金額で受けることが当たり前だという思考のクセが付いていたようです。

●目標粗利額設定

状況が把握できたので、渡辺社長に、会社としてどれだけの純利益を残したいかを聞いてみました。社長は「できれば年間1000万円くらいの利益が出せるような会社にしたい」と、半ば泣きそうな顔で言います。

社長の希望は分かりました。目指すべき道は簡単です。

まず、社長の役員報酬があまりにも低いため、役員報酬を740万円まで上げることを前提に、現在5000万円の一般管理費を5500万円とすることを提案しました。また、金融機関への支払金利は年間約200万円です。よって、同社が1000万円の純利益を残すためには、6700万円の粗利益が必要ということになります。純利益を1000万円残せれば、金融機関への元本返済を再開して、リスケを解除することも可能です。

●改善施策の実施

同社で実施した経営改善施策は、主に次の3点です。

①見積提出金額を最低10％以上アップする
②年間目標粗利益6700万円を目指す
③全社で利益進捗の確認ミーティングを毎月実施

①見積提出金額を最低10％以上アップする

受注内容の分析により、同社の顧客に特別に収益性が低いところはないことが分かっていました。したがって、当面は顧客を選別する必要もありません。顧客構成は現状のまま、全体的に粗利率向上を目指すこととしました。

そこで、今後は、すべての既存顧客全社に対して見積提出金額を最低10％以上、引き上げるルールを設定しました。最低10％なので、相手先の状況によっては、20～30％以上の引き上げを求めたところもあります。

しかし、このアップも一筋縄ではいきませんでした。というのも、先に記したように渡辺社長自身に顧客の要望どおりの金額で受けることが当たり前だと考えるクセがあったためです。

私は社長と何回も話をして、少しずつそのメンタルブロックを外していきました。お互いの住まいが遠いので、コンサルティングをしているとはいえ、そんなに頻繁に会いにいくこともできません。毎週のように電話をして、社長のご苦労を聞き、叱咤し、時には涙し、同時に社長の経営者としての問題点にもたどり着いたのです。

すべてを相手の要望どおりにしないということは悪いことではない。私はそう何度も言いました。相手は社長がなにも言わないから、社長がそれでいいと思っているに過ぎないのだと言い続けました。

そうして、値上げした価格を提出してもいいんだということを、だんだん理解していってもらったのです。

②年間目標粗利益6700万円を目指す

売上高3億円に対して目標粗利額は6700万円だと、粗利率は約22％になります。土木業界平均よりは高い目標であるものの、実現困難なほどとんでもなく高い数字ではありません。私は、普通に経営改善を進めていけば、必ず達成できると感じていました。

私たちは、６７００万円の年間粗利益額のみを目指そうと決めました。

③全社で利益進捗の確認ミーティングを毎月実施

このミーティングについては、他社の事例と同様です。

●改善結果、および総括

すべての顧客に対して、見積もりの提示金額を従来の金額より1～3割上げました。それに対して、顧客も最初は多少戸惑っていましたが、透明性の高い見積書とともに、しっかりと値上げの理由を説明したことにより、最終的にはほぼすべての顧客が次のように言って、納得してくれました。

「今の時代は、やっぱりそれくらいの金額はかかるよね」

「困っていたなら、なんでもっと早く言ってくれなかったのか」

「渡辺社長の会社の金額は安過ぎたのだよ。これからも頼りにしているよ」

正直、見積もりを提出するまでは半信半疑だった渡辺社長も、こういった顧客の声にじかに触れて、間違っていなかったと確信をもてたのです。

なかには、離れていってしまう顧客も一部ありました。しかし、一方では、既存顧客がさらに別の顧客を紹介してくれることも増えたため、まったく問題はありませんでした。

結果として、経営改善後初年度の業績は純利益（税引き前）が800万円、2年目は1500万円を計上することができました。

新たな顧客も増えてきており、人手不足の時代において、若くて腕のいい作業員が大勢いるために、今やどの元請けからも引っ張りだこになっています。

最初に相談にいらしたときとは別人のように明るい表情になった渡辺社長は、これからも社員を増やして、元請け会社の期待に応えていきたいと話してくれました。

［第5章］

外部環境が変化しても経営の本質は変わらない粗利だけに集中することが、時代を超えて生き残るカギ

他業種から2年遅れて危機が訪れる建設業界

経営環境は常に変化を続けています。

例えば、コロナ禍はかつて経験したことのないような大きな経営環境の変化でした。しかし、その渦中にあって、企業倒産が〝奇妙な減少〟を見せていたことは、第1章でも確認したとおりです。

特に、建設業界は、コロナ最盛期※の初期こそ、現場がストップするなどの影響はありましたが、その後は、業界全体としてはさほど大きなダメージを受けていませんでした。これは、飲食や宿泊・観光・交通といった、コロナ禍で大打撃を受けた業界とはかなり様相が違っていました。

（※）ここでは、東京都など7都府県へ緊急事態宣言が発出された2020年4月7日から、5類感染症に移行する2023年5月8日以前までを「コロナ最盛期」と定義します。

それは、建設業界では、受注から納品までの期間が長いため、受注減が生じても、その影響が業績の悪化として顕著に表れ始めるのが2年くらい遅れるからです。業績悪化による倒産などは、会計上の利益ではなく、キャッシュに起因する現象ですが、実際にキャッシュ不足が顕在化するのは、工事の完成・引き渡しが済んで、入金があって以降のことだからです。

コロナに関しては、丸3年ほど最盛期があったのですが、そのうちの前半2年間は、建設業界では大きな影響は表れなかったのです。

しかし、コロナ最盛期も3年目に入ったあたりから、少しずつ様相が変わってきました。

コロナ入りしたあとの経済活動停滞による受注減の影響に加えて、複数の要因が絡み合いだしたのです。

コロナ禍での大盤振る舞い

コロナ最盛期の2021年から2022年にかけて倒産件数が〝奇妙な減少〟を見せていたことの主な理由は、政府や地方自治体などから、経営不振企業に対する公的な資金供給があったことです。

例えば、持続化給付金、休業支援金や、政府が利子補助をして「無利子・無担保」で融資する、いわゆる「ゼロゼロ融資」などが挙げられます。

2020年度だけでも、政府はコロナ対策費として、なんと77兆円もの補正予算を組んだと報道されていました。未曾有のウイルス災害だったとはいえ、近年類を見ない〝大盤振る舞い〟とも呼べる資金供給でした。

もちろん、その予算のすべてが経営不振企業支援に使われたわけではありませんでしたが、実際に2021~2022年に倒産件数が大きく減少していることを見れば、その支援に効果はあったといえます。

しかし、公的資金支援を受けた企業は、コロナ禍により経営に打撃を受けた企業だけではなく、それ以前から経営不振だった企業も少なくないと思われます。そもそも、コロナ前から日本国内の企業の6割以上は赤字経営だからです。国税庁平成30年度分「会社標本調査」によると、62・1％が欠損法人（赤字企業）となっています。

コロナ前において、62・1％が欠損法人だったという状況を踏まえれば、倒産件数が大きく減少していた2021〜2022年は、本来は倒産していてもおかしくなかった瀕死の企業の多くが、公的資金援助という「生命維持装置」を得たことで、なんとか死亡は免れていた状況だったという見方もできます。

ゼロゼロ融資の終了

コロナ禍の中小企業支援策のなかでも中心になっていたのが、ゼロゼロ融資でした。平常時なら、銀行からは融資を受けられないような、あるいは受けられたとしても、高い上乗せ金利が必要となるような、財務状況の悪い企業にも緊急時という名目で、厳しい審査なしに、しかも無担保・無保証人、3年間無利子という破格の条件で、融資が実行されたのです。日本全国の中小企業が飛びついたのはいうまでもありません。

しかし、このゼロゼロ融資も2022年9月に受付終了となりました。

中小企業庁のデータでは、2022年9月までに実行されたゼロゼロ融資は約245万件、融資総額は、42兆円に上ります。その多くが、3年間の利子補給期間を、返済猶予（据え置き）期間として設定していた融資でした。

そのため、2023年6月からは返済猶予期間が順次終了し、これまで返す必要のなかったお金を利子を付けて毎月返済していかなければいけません。つまり、日本全国の中小企業で42兆円ものゼロゼロ融資返済が始まったのです。しかも、この42兆円は、コロナ対応のゼロゼロ融資分だけです。当然ながら、ほとんどの企業はそれ以前から、通常の設備投資や運転資金の融資を受けています。

新聞報道※によれば、資本金1億円未満の中小企業における2022年度末の長期借入の総額は、157兆円でした。コロナ禍前の2019年度末は132兆円であり、わずか3年で融資総額が25兆円も増えています。これは、平均的な経常利益の7年分に相当します。さらに、資本金1000万円未満の小規模企業に限ってみれば、長期借入は、経常利益の13年分に膨らんでいます。13年間の経常利益をすべて使って、ようやく借金が返せる状態というのは、相当に厳しい状況です。

（※）参考：「コロナ特例終了、資金繰りの崖　8月の倒産最大の54％増」『日本経済新聞』２０２３年９月９日

これが中小企業の資金繰りを、どれほど悪化させるのかは想像に難くありません。

コロナ最盛期が過ぎ、ゼロゼロ融資も終わった今、中小企業に残ったのは利子補給期間（3年間）もなく、元利合わせて返済していかなければいけない多額の借金です。そして、それはすぐに消えるものではなく、これから何年、何十年もかけて返済していかなければいけないのです。

人口減少時代における人手不足、人件費高騰の加速

「大倒産時代」到来の恐れを高めているのは、ゼロゼロ融資終了による借金返済地獄だけではありません。

今まさに加速している少子高齢化、人口減少による構造的な人手不足と、人件費高騰も大きな要因です。この影響は全業種にわたりますが、省人化が難しい建設業や運輸業、医療、介護などにおいては特に顕著な影響があります。

すでに、生産年齢人口は、1995年の8716万人をピークに、右肩下がりに減り続けています（総務省「令和4年版　高齢社会白書」）。

また1990年代後半以降、生産年齢人口の減少を補ってきたのが、労働参加率の低かった女性や高齢者（65歳以上）の就業率の増加でした。しかし、その増加も2019年以降、特に高齢者は伸びが鈍化しています（総務省統計局「労働力調査〔基本集計〕2022年〔令和4年〕平均」）。

【図表19】 人手不足倒産

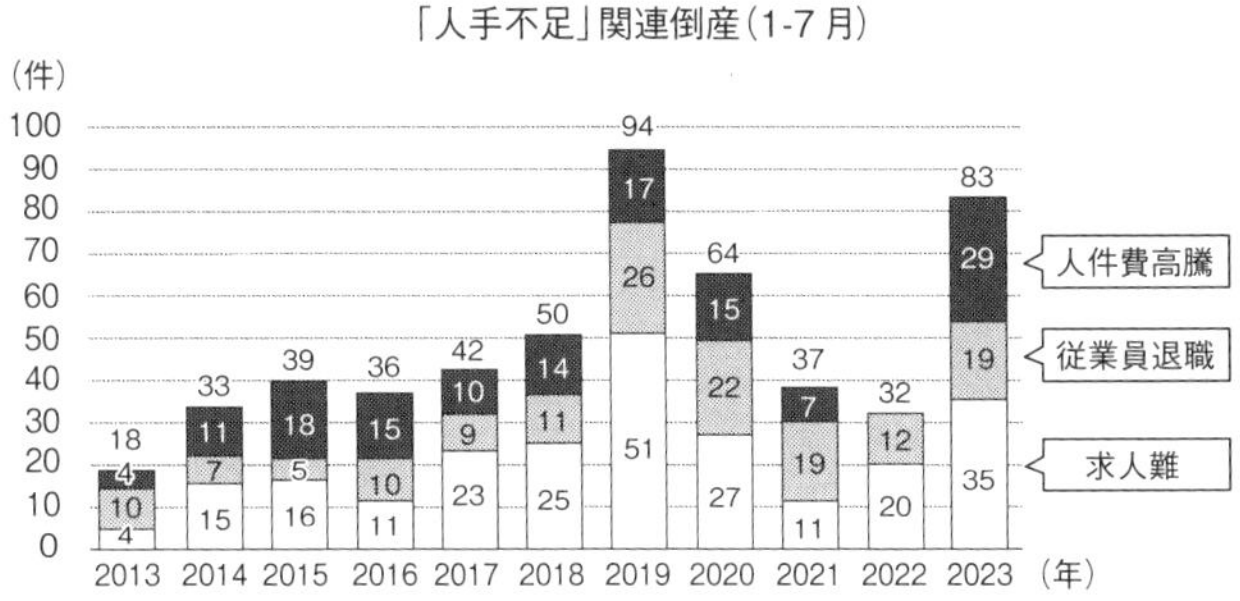

出典：東京商工リサーチ「2023年1－7月の『人手不足』関連倒産は83件
『人件費高騰』と『求人難』が大幅に増加」より作成

そして今後、２０４０年、２０６０年、および２１００年の人口変化は総人口、生産年齢人口とともに長期的に減少が続くと推測されています（国立社会保障・人口問題研究所「日本の将来推計人口〔平成29年推計〕」〔その他の値〕、総務省統計局「令和２年国勢調査」〔２０２０年の値〕）。

人手不足は、まず人件費の高騰として、企業業績を悪化させます。特に、現場において多くの職人が必要な建設業では、収益悪化の要因になります。

それでも、人員が手当てできればまだよいほうで、そもそも人が雇えない、従業員が退職したといった理由が、直接的に倒産に結びつくことも珍しくありません。

実際、東京商工リサーチの調査データによれば、人手不足に起因する企業倒産は、2023年は、1～7月だけで83件と大幅に増加しています。これは前年同期（32件）の2・5倍の増加で、すでに2022年の1年間（62件）を上回る件数です。

止まらない物価上昇

タイミングの悪いことに、2022年に勃発したロシアのウクライナ侵攻や、急激な円安進行により、資源、食品、資材などの輸入物品価格が急上昇し、国内物価も上昇しています。

総務省によると、2022年度は、消費者物価指数（生鮮食品除く）が前年度比3・0％も上昇しました。これは実に1981年以来の、41年ぶりの物価上昇に見舞われたことになります。ところが中小企業の多くは、その物価上昇分の価格転嫁＝値上げを進められていません。

短期～中期的には急激な物価上昇も、企業業績を悪化させ、倒産件数を増やしている一つの要因になっています。

大倒産時代が訪れる⁉

過剰な融資の返済、人手不足、物価高騰、この3つはいずれもすぐに解消できるものではありません。

融資の返済は今後数年、あるいは10年以上かけて返済が終わるまで続きます。

労働力人口は、移民の大胆な受け入れといった抜本的な政策変更がない限り、少なくとも今後数十年間にわたって減少の一途をたどります。

物価の高騰は、ロシアのウクライナ侵攻が終結すれば、原油や小麦などの国際商品価格が大きく下落する可能性はあります。しかし、その兆しは見えていません。

円安も、日本経済の貿易において輸出入のバランスが取れず、問題となっています。為替相場が安定することはまだしばらくの間は難しいと思われ、日本国内の輸入産品価格やエネルギー価格が大きく下落する可能性は低いです。

こうしたことを背景に足元で起きている企業の顕著な倒産増加は決して一時的なもので

はなく、長期にわたる拡大が予想される、〝大倒産時代〟の幕開けを示しているのです。

生き残れるのは、ピンチをチャンスに変えて、利益を上げ続ける会社だけ

どんな時代の変化、環境変化に対しても、企業活動の本質は変わりません。

社会に価値を提供し、その対価として適正な利益を得て、利益を原資に事業投資をして成長を続けることが企業活動の本質であり、それを滞りなく遂行させることが企業経営者の責務です。企業が成長しながら、時には現状維持だったにしても、とにかく経営を継続していくためには利益を得ることが欠かせません。儲けなければ、企業は倒産という死を迎えるのです。

現在は中小企業経営にとってピンチの時代であることは確かですが、一方では、粗利至上主義に転換する大チャンスの時代でもあります。

平成のバブル経済崩壊からの三十数年を経て、現在ほど売価引き上げが顧客に受け入れられやすい時代はありません。ステルス値上げも含め、値上げが世の中に浸透しつつある今なら、堂々と顧客に「値上げします」と宣言できます。そういう意味でも、粗利至上主

義に経営を転換させる絶好のチャンスです。

粗利至上主義〝もどき〟にならないように注意

粗利至上主義の実践方法自体は簡単なものです。難しい理論を理解したり、複雑で面倒な行動を毎日したりする必要はありません。しかし多くの経営者、社員が、長い間慣れ親しんできた売上至上主義とはまったく異なる考え方なので、完全に粗利至上主義に移行することに心理的な抵抗を感じることがあります。

頭ではこれをやれば成功すると分かっていても、単なる習慣からそれができないということはよくあります。炭水化物を控え、野菜とタンパク質中心の食事で腹八分目に抑えて適度な運動を続ければ、ダイエットは必ず成功します。しかし、それを自分だけで続けられる人はなかなかいません。だからこそ、フィットネスクラブのような強制的に運動をさせることでダイエットを成功させる仕組みがはやるのです。

粗利至上主義も同じで、理屈では正しいと理解していても長年の習慣からどうしても、売上至上主義の「尻尾」が残ってしまい、中途半端な「粗利至上主義もどき」になってしまうことが多いのです。成功するには強く意識し続けるしかないのですが、具体的には以下のポイントをチェックしてみてください。

①粗利だけを見ているつもりが、実際は違う

粗利だけを見るとしながら、経営会議などで売上に言及してしまったりしているケースです。どっちつかずでは成功しません。粗利至上主義にすると決めたら、売上は増えようが減ろうが、いっさい気にしないという姿勢を貫いてください。

②粗利だけ見ているが、行動に移していない

売価の引き上げ、原価の引き下げなど、粗利を増やすための行動が伴わなければ経営状態は改善されません。当たり前のことですが、「粗利だけを見る」のと「粗利をただ見ているだけ」とはまったく違うことなのです。

③粗利進捗の見える化ができていない

過去の決算がどうだったかではなく、「いま、どうなっているのか」と「これからどうするのか」が大切です。そのために、最低でも月1回の粗利確認会議で、現状の粗利の進捗度を確認することは必ず実行してください。

④粗利を上げる手法が社内で議論・共有されていない

経営者や役員だけが粗利至上主義を理解していても、実際に顧客に接したり、現場で指示を出したりする社員が理解していなければ、粗利向上の実践はできません。必ず、社内の全員が徹底的に理解するまで、議論・共有化を図ってください。

一度や二度、経営者が考え方を伝えたから、もう分かっているだろうと思うのは早計です。折に触れて何度もしつこいくらいに繰り返し伝えなければ、社員には伝わりません。

おわりに

「粗利至上主義」

そのような言葉はたぶん誰も聞いたことがないと思います。

しかし、「売上至上主義」という言葉なら、多くの人が耳にしたことがあるのではないでしょうか。

一般的には「売上至上主義」という言葉は、どちらかと言えば「売上」さえ増えればほかのことはどうでもいいという考え方として、あまり良い意味ではとらえられてはいません。

しかし、私がメインで関わっている「建設業界」ではその考え方がとても強い傾向にあります。それは、「まずは売上を上げる、売上さえ増えれば、利益はそこに付いてくるだろう」という、ある意味かなり楽観的な考え方からきていると思います。

しかし、売上さえ増えれば利益が付いてくるとは決して言い切れません。むしろ建設業界などでは、売上に意識をおけばおくほど、または売上が増えれば増えるほど、利益は減っていく傾向はより強くなっていきます。

私はこれまで、『建設業のための経営改善バイブル』『粗利「だけ」見ろ』の書籍を上梓し、粗利の重要性を繰り返し説明して、経営者に警鐘を鳴らしてきました。そして、それらの本を読んでコンサルティングの依頼が、ここ数年で累計数百件以上もありました。

ところが、そういう経営者によくよく話をうかがってみると、私が書籍に書いた粗利至上主義の方法をまったく、あるいはほとんど理解していないことが頻繁にあったのです。「先生の考え方や、実績はすばらしいですね。わが社は、5年後に売上100億円企業を目指しているので、ぜひご協力ください」などと言われる方が、実際に何人もいらしたのです。

経営者の方の売上に対する意識と願望はとどまることを知りません。それが結果として、自社の経営を圧迫し、最悪の場合は「倒産」へとつながっていくことがあるにもかかわらずです。

私は、いったいどうしてなのだろうかと考えました。そのように経営者の意識がなかなか変わらないのは、以前に書いた2冊がもしかしたら難し過ぎたのか、もっと理解しやすい内容にしなければ、日々忙しい経営者には理解してもらえないのかもしれない、また「粗利だけを見ろ」といっても、「粗利」とはなにかを正しく分かっていない経営者もいるのかもしれない、などと考えました。

また、売上、原価、粗利の関係や、原価と販管費の違い、粗利と純利益の違い、さらには、会計上の利益と、手元に残る儲けとしてのキャッシュの違いなども、理解されていないのかと思いました。

それならば、そういった基礎の基礎から解説すれば、粗利だけを見ることの意味を、本当に理解してもらえるのではないかと思い、今回の書籍を出版することにしました。

人によっては、こんな基本的過ぎるところから説明するなんてバカにしているのか、と感じられると思いますが、粗利の重要性を理解してほしいため、本書ではもともと基本的過ぎるところから解説することが意図だったのです。

また、「受注予定表」や「受注現場一覧表」などの使い方、売価引き上げ、原価引き下げの交渉の仕方なども、できる限り本書を読んだだけで実践できるように詳細に記載したつもりです。

経営においては、「粗利益」こそが最も大事な指標であり、目指すべき唯一のものだと、私は断言します。それは売上などの数字はいっさい考慮せず、そこにある「粗利益」の数字のみを認識し、目指すというものです。

「粗利益」が増えれば、結果的に営業利益は増え、経常利益は増え、税引前利益が増え、そして純利益が増えていきます。

売上がどんなに少なくても、利益さえあれば、会社が存続の危機にさらされることは決してありません。

「粗利益」さえ増えれば経営は間違いなく安定していくのです。

そういう意味を込めて、今回の書籍のタイトルを『粗利至上主義』という、今の経営ではまったくなじみのない言葉にさせていただきました。

それは「粗利益」こそが経営においての最高の数字であり、最善・最上の数字であるということを意味しています。

読者が、「粗利至上主義」の世界を感じとり、少しでも今後の経営の参考にしていただければ幸いです。

最後まで読んでいただき、ありがとうございました。

中西宏一（なかにし こういち）

株式会社ＫＣＯ代表取締役。１９６７年石川県金沢市生まれ。法政大学文学部卒業後、総合商社の建設事業部と大手コンサルティングファームを経て経営コンサルタントとして独立。建設業界の粗利改善を強みとして、顧問企業の98％を1年で劇的な業績向上に導いてきた。「必ず劇的に改善する」コンサルティングが顧客に高く評価され依頼が殺到、現在は建設業以外にも卸売業、製造業など28もの顧問企業を全国に抱えている。著書に『たった1年で利益を10倍にする 建設業のための経営改善バイブル』、『粗利「だけ」見ろ 儲かる会社が決して曲げないシンプルなルール』（幻冬舎メディアコンサルティング）、『赤字続きの会社がみるみる蘇る 建設業経営「利益最大化」の法則』（パノラボ）がある。

本書についての
ご意見・ご感想はコチラ

粗利至上主義
赤字経営から脱却する最もシンプルな方法

二〇二三年一二月二一日 第一刷発行
二〇二四年 二 月二九日 第二刷発行

著　者　中西宏一
発行人　久保田貴幸
発行元　株式会社 幻冬舎メディアコンサルティング
〒一五一-〇〇五一 東京都渋谷区千駄ヶ谷四-九-七
電話 〇三-五四一一-六四四〇（編集）
発売元　株式会社 幻冬舎
〒一五一-〇〇五一 東京都渋谷区千駄ヶ谷四-九-七
電話 〇三-五四一一-六二二二（営業）
印刷・製本　中央精版印刷株式会社
装　丁　川嶋章浩

検印廃止

ISBN 978-4-344-94751-1 C0034
幻冬舎メディアコンサルティングＨＰ https://www.gentosha-mc.com/